부처님과 제자들

밀운 변희준   활안 한정섭
대공 조현성   덕오 서무선

불교통신교육원

목   차

머 리 말

眞空妙有

佛法의 수행은 生老病死로부터 시작된다.

眞空妙有(宇宙一光)를 알면 生老病死는 본래부터 없다.

　부처님께서 깨달음을 얻으시고 녹야원으로 5비구에게 전법을 하러 가시니 그들이 '싯달타'라고 부르기에 '내 이름을 싯달타라고 부르지 말라. 붓다라고 불러라' 하셨다. 그 자리에서 교진여가 부처님께 무엇을 깨달으셨냐고 여쭙기에 부처님께선 광명을 놓으시며 삼매에 드시고는 왼손을 들어 허공(虛空: 眞空)을 가리키셨다. 그러자 교진여가 진공묘유(眞空妙有)라 일컬으며 불생불멸(不生不滅)·불구부정(不垢不淨)·부증불감(不增不減)이라 말씀을 드리니 부처님께서 인가하셨다.

　이에 깨닫지 못한 4비구에게 다시 연기법(緣起法)을 설하셨으나 그럼에도 알아듣지 못하기에 삼법인(三法印)인 제행무상(諸行無常)·제법무아(諸法無我)·열반적정(涅槃寂靜)을 설하신 것이다. 이 가운데 '제법무아'는 연구되어야 할 대상이다.

모든 불교 성전에, 견명성(見明星)하여 오도(悟道)하신 후에 녹야원에서 5비구에게 최초로 설하신 법문이 '열반적정'으로 되어 있기에 늘 의심이 가던 중, BTN 불교방송에서 인도 교단사를 강설하신 활안 대법사께서 위의 내용과 같이 말씀하시기에 가평의 상락향 수도원으로 여러 차례 참방하여 확인하고 또 확인한 결과 틀림이 없기에 이번에 책으로 내어 부처님의 최초설법이 '진공묘유'임을 밝히고자 한다.

이에 제방의 사부대중들께서 살펴보시고 의견을 주시면 상세히 답변을 드리도록 하겠습니다.

2022년 1월 20일
대한불교조계종 전 원로회 의장
奉先寺 開眼睡眠堂 **密耘** 大宗師
(031-527-1959)

서언(緒言)

　부처님 생존당시는 인류 문명사에서 철기시대에 해당한다. 청동기 시대를 거쳐 철기시대에는 우수한 제철기술이 개발되어 많은 농기구와 함께 부족 간의 싸움에 소용되는 전쟁 무기가 동시에 제조되어 식량생산이 늘면서 인구가 급증하고 이와 함께 인간 이동의 규모가 크게 늘어났으며, 사회적으로는 대도시가 만들어졌고, 부족 간에는 크고 작은 싸움이 멈추지 않았다.

　이와 함께 북부인도에서는 소위 고행 수행이라 불리는 출가자 운동이 일어나 귀천을 막론하고 많은 젊은이들이 가족과 집을 떠나 숲속으로 들어가 고행 수행을 통해 우주 비밀과 함께 인간 삶에 대한 정도(正道)를 참구하기에 이르렀다.

　이러한 인류 문명사의 한 시점에 이 세상에 오신 석가모니 부처님은 정각을 얻으시고 인도 대륙의 가장 성스러운 도시 바라나시 교외에 있는 녹야원에서 다섯 옛 도반들에게 처음으로 법을 펴셨다.
　그리고 얼마 있지 않아 성도(成道)전 왕사성에서 만난 빔비사라왕과의 약속을 지키기 위해 동쪽으로 이동하면서 우루벨라에 들려 가섭3형제와 그들의 무리 등을 합해 총 1250명의 제자들과 함께 빔비사라왕의 공양을 받게 된다.

이렇게 해서 시작을 본 불교승단의 승단원은 그 수가 급격히 증가되면서 수행집단으로써의 대 조직이 필요하게 되었고, 이에 따라 오늘날 동북부 인도의 비하르주(州)와 남부 네팔 그리고 동쪽의 벵갈지방과 오딧사지방 등에서 모여 온 구도자들은 그 수를 헤아릴 수 없었다. 이들이 모두가 한결같이 부처님의 제자들이다.

이러한 제자들 가운데 많은 사람들의 이름이 경전 여러 곳에 나타나 있다. 그 이름들의 정확성은 차치하고라도 제자들의 이름이 오늘날까지 남게 된 것만도 첫째는 25년 동안 부처님 시봉을 담당했던 아난존자의 명석한 기억력 덕이기도 하다. 그 많은 이름들이 문자로 남아있을 가능성은 극히 희박했지만 그중 다수의 제자들 이름이 구전되어 후에 문자화되면서 우리는 이 분들의 이름을 생생하게 기억할 수 있게 되었다.

이 많은 제자들은 제 각기 특성을 지니고 있었다. 각자의 종교적 성향에서부터 시작하여 부처님 가르침을 받아들이는 근기에 있어서도 그 정도가 천차만별이었다.

부처님 상수제자 가운데 한 분인 사리불은 제자가 되기 전 배화교도의 수행자였기 때문에 이원론 종교의 비조라 할 수 있는 배화교의 교리에 정통하여 부처님 가르침을 종교적 측면에서 재해석하고 승단의 젊은 수도자들을 위한 교육에 맞도록 논장형식으로 재편성하여 후세에 〈사리불 아비다르마〉를 남겨놓기도 하였다.

그런가 하면 마하가섭존자는 부처님 열반 당시 제일가는 중견제자로 승단을 이끌어 갈 책임을 통감하고 제1차결집을 이끌어내는데 앞장섰으며, 특히 승단원들이 계율을 철저하게 지켜나갈 것을 크게 강조한 분이기도 하다.

그 외에도 가빌라국의 궁전 학자였던 교진여, 부처님의 상수제자이며 사리불의 도반 목건련존자, 사촌이면서 25년간 시봉을 맡아온 그리고 부처님 가르침을 보존해 왔고 비구니승단 구성을 이끌어 온 아난다존자, 불교 율장 결집에 앞장섰던 우팔리존자 등의 여러 제자들 가운데 출중한 인격과 지도력을 행사했던 분들의 이야기를 간단하게 줄여 실었다.

한편 부처님의 포교사업 2600년 간의 긴 역사적 바탕을 키

위올 수 있는 기반을 마련한 재가 제자들도 이루 헤아릴 수 없이 많다. 그 가운데 몇 분만을 선택하여 실었다.

첫째로 부처님 생존 당시 천명이 넘는 제자들과 함께 26번의 우기 안거 가운데 23번의 안거를 무사히 지낼 수 있도록 승원 시설을 만들어 보시한 수닷타 장자의 헌신적인 이야기, 궁전의 기녀이면서 사회의 천대를 뒤로하고 부처님을 따라 출가하여 마침내 아라한과를 득한 암바빨리, 살인마로 변한 외도 수행승을 향한 기적의 말씀 한마디 "나는 벌써 멈추었는데 너는 언제 멈출 것이냐!"로 인해 부처님께 귀의하고 제자가 되어 아라한과를 득한 앙굴리말라 이야기 등도 실었다.

계속해서 초기불교 3장이 최초로 문자화 된 스리랑카를 시작으로 남인도 타밀나두지역을 두루 다니며 고대로부터 그 지역에 소장되었거나 거의 소실상태에 이른 빨리어 3장을 발굴하여 영어로 번역 출판하고, 영국에 빨리어 불전학회를 설립 이를 세계에 소개한 리스-데이비스 영국 부부에 관한 이야기도 실었다.

케롤라인 리스-데이비스 부인은 남편과 함께 팔리어-영어 사전을 편찬하여 빨리어 학회에서 연구하는 학자들에게 큰 도움을 주었고, 무엇보다 남인도지역을 시작으로 인도 전역을 돌면서 부처님 전생담(前生談)을 수집하여 출판하였다.

끝으로 인도불교에 새 생명을 불어 넣어준 분이 있다면 19세기 중엽에 스리랑카에서 태어난 다르마팔라와 역시 19세기 말에 인도의 불가촉 천민으로 태어나 새인도 정부의 헌법을 기초한 법학자이며 경제학자 그리고 무엇보다 신불승(新佛乘. Nova Yana)교단을 창립한 암베드카 스님을 빼놓을 수 없다.

다르마팔라는 불교성지 반환탄원서를 통한 성지 되찾기 운동에 앞장섰으며 마하보디학회(Maha-Bodhi Society)를 설립하여 인도 땅에 새롭게 20세기 불교를 싹트게 한 분이다.

한편 암베드카는 인도 사회계급의 불합리성을 시작으로 여성차별의 불평등과 인류에서 벗어난 비도덕성에 관해 인도인들의 양심에 크게 호소하는 기회를 만들어 주었다.

암베드카는 타계하기 6주전 60만 명이 넘는 불가촉 천민이 합동으로 보살계를 받고 불교로 개종할 수 있는 기회를 만들어 주면서 노바(新 · Nova) 불교승단을 창립하였다.

부처님은 우리의 위대한 스승이시다. 일생을 살아가면서 스승을 따르고 의지하는 사람들을 제자라 부른다. 불교 역사를 통해 많은 제자들이 부처님 말씀과 행을 자신의 살과 뼈로 만들어 한 때 발생지에서 사라졌던 불교를 다시 일구어 오늘날과 같은 세계불교로 재탄생시켰다.

이러한 많은 부처님 제자들 가운데 아주 작은 수이지만 몇분의 인격과 행적을 짧게 적어 하나의 책자로 꾸며 여기 펴낸다. 그 가운데는 우리에게 그 이름이 친근한 분들도 있지만 단지 이름만 들어보았을 뿐 그분들의 행적에 관해서는 전혀 알지 못하던 분들도 있다.

많이 읽고 불자로서의 지적 무게를 가중하는데 일조가 될 수있다면 그 보다 자랑스러운 일은 없으리라. 이 책이 나올 수있도록 여러모로 도와주신 모든 분들께 감사를 드린다.

불기 2566(2022)년 정월
불교통신대학장 **덕오 서무선**

서문(序文)

나는 글을 쓸 줄 모릅니다. 그러나 『원시 근본불교』를 보고 이어서 『불교 교리발달사』를 보니 원래 생각했던 것 과는 달리 불교를 이해하는 방법이 시대에 따라 달라지고 있다는 것을 알게 되었습니다.

그래서 먼저 활안스님의 근본불교사상에 대한 책을 구해 읽고 다음에는 서박사님의 저서를 대하면서 같은 선도 바라문교의 위빠사나와 힌두교의 4선 8정, 그리고 부처님께서 깨달으신 내용(見性成佛)이 사뭇 다르다는 것을 알게 되었습니다.

또 같은 불제자 가운데서도 공부인이 어느 시대 사람의 영향을 받고 불교에 들어온 뒤 어떻게 공부했는가에 따라 동서남북의 가르침이 다소 달라지고 있다는 것을 알게 되었습니다. "부처님과 제자들"이라는 책은 한 노스님의 깨달음에서 시작 되었지만 부처님의 직제자들이 스승의 가르침을 받아들이면서 각기 환경에 따라 그 해석에 다소 차이가 있다는 것을 알게 되었기 때문에 이것을 여러 사람들의 의견에 따라 정리한 것입니다.

"내 것은 옳고 남의 것은 그르다"라는 생각을 오랜 세월을 두고 서로 다투고 고집하여 천년, 2천 년 뒤에는 하늘과 땅의 차이가 생긴 것도 보았습니다. 그러나 이 책의 주인공들처럼 적나나(赤楪楪) 정쇄쇄(精灑灑)하게 아집, 아만을 부수어버리고 푸른 하늘의 밝은 태양처럼 티끌 하나 붙일 수 없이 흐르는 물이 산과 들, 바다를 구애하지 않고 흘러 내려가는 것을 보았습니다. 따라서 나 또한 여기에 동참하여 부처님의 가르침을 세상에 펼치는데 백분의 일이라도 도움이 될까하여 동참하였다.

독자 여러분들께서는 널리 보고 깊이 있게 읽고 부족한 점을 깨우쳐 주심으로써 새 시대의 불교를 이해하기 쉽게 발전시킬 수 있도록 노력해 주시기 바랍니다.

불기 2566(2022)년 정월
대구 성덕사 **대공** 합장

일러두기

1. 이 책은 먼저 석가부처님의 고행수행과 중도실상을 집약
   하여 정리하고,

2. 다음은 중국, 한국에 유행하고 있는 한문게송들을 간단히
   모아 정리하였다.

3. 그리고 부처님 생존시 근시(近侍)한 남녀 시자들과 확실
   하게 깨달으신 분들의 이력을 간단히 소개하였다.

4. 인도불교를 부흥시킨 인도, 영국, 스리랑카에서 살신 성
   명(殺身成名)한 선각자들을 상세하게 기록하였다.

5. 원래 깨달음이란 깨달은 사람만이 알 수 있는 것인데 언
   어와 문자를 통해 표현하다 보니 다소 미흡한 점이 있는
   것 같습니다.

   혹 잘못된 부분이 있다면 이는 오직 편집자의 잘못이니
   이해해 주시기 바랍니다.

6. 원본의 초록에서부터 끝까지 교정을 본 이희경 사무국장
   님과 조형숙 과장님의 노고에 감사를 드린다.

☸ 부처님성도과정

부처님의 成道過程

① 도표

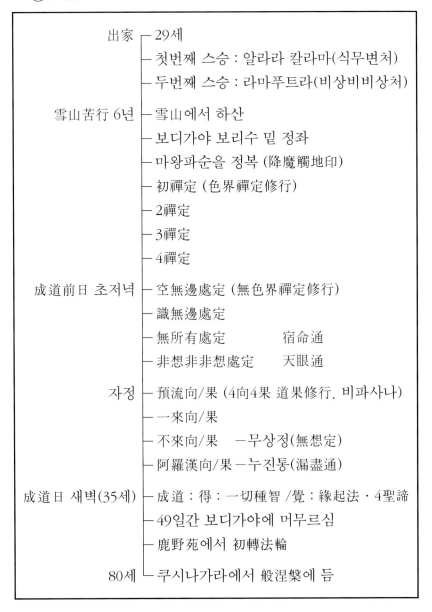

出家	29세
	첫번째 스승 : 알라라 칼라마(식무변처)
	두번째 스승 : 라마푸트라(비상비비상처)
雪山苦行 6년	雪山에서 하산
	보디가야 보리수 밑 정좌
	마왕파순을 정복 (降魔觸地印)
	初禪定 (色界禪定修行)
	2禪定
	3禪定
	4禪定
成道前日 초저녁	空無邊處定 (無色界禪定修行)
	識無邊處定
	無所有處定　　　宿命通
	非想非非想處定　　天眼通
자정	預流向/果 (4向4果 道果修行. 비파사나)
	一來向/果
	不來向/果　－무상정(無想定)
	阿羅漢向/果 －누진통(漏盡通)
成道日 새벽(35세)	成道：得：一切種智 /覺：緣起法・4聖諦
	49일간 보디가야에 머무르심
	鹿野苑에서 初轉法輪
80세	쿠시나가라에서 般涅槃에 듬

1. 싯달다보살의 전생(前生)

헤아릴 수 없이 많은 겁이 지나는 동안에 싯달다 보살이 남인도의 아마라밧디에 사는 한 부호 브라만 가문에 태어났다. 싯달다가 어렸을 때 부모가 세상을 떠나자 조상으로부터 물려받은 전 재산은 가족 재산을 담당하고 있는 사람이 관리토록 하고, 싯달다가 성인이 될 때를 기다리기도 했다.

성인이 된 젊은 수메다는 조상이 남긴 재산을 모두 가난한 사람들에게 나누어 주고 자신은 출가하기로 결심하였다. 이러한 수메다는 얼마 가지 않아 선수행(禪修行)을 마치고 얼마 동안 고행수행을 통해 신통력을 얻어 하늘을 날아 다녔다. 모든 시간을 숲속에 살면서 선정을 닦아 선열을 맛보고 외부 세상과는 접촉 없이 홀로 살았다.

하루는 수메다가 하늘을 날아가다 아래를 내려다 보니 많은 아마라밧디에 사는 시민들이 동원되어 길을 고르고 주위를 꽃으로 장식하는 것을 볼 수 있었다. 이 광경을 흥미롭게 내려다 본 수메다가 호기심이 나서 땅으로 내려와 주위사람들에게 그 연유를 물었더니 다음 날 연등부처님께서 이곳으로 탁발을 하러 오시기 때문이라 하였다.

붓다께서 오신다는 말이 수메다를 기쁨으로 감쌌다. 그리고 이 세상에 이미 붓다가 오셔서 벌써 초전법륜을 굴리셨다는 것을 모르고 있었다는 것도 알게 되었다. 그래서 수메다는 공덕을 쌓는 한 방편으로 시민들을 도와 길을 장엄하였다.

다음날 연등불을 직접 뵙게 되자 그의 위의에 감명을 받아 자신도 수행하여 붓다가 되기로 결심하였다. 이로써 수메다는 해탈을 얻어 자유를 득하는 기회를 뒤로 미루기로 하였다. 그리고 생각하였다.

"자기 자신만 해탈해서 무슨 가치가 있겠는가. 이는 오직 윤회의 굴레에서 벗어날 수 있을 뿐이다. 나는 누구보다도 많은 수행을 쌓았고, 지혜를 얻었으며, 성불을 위한 의욕과 힘도 소유하고 있지 않는가. 나는 일체종지를 얻어 붓다가 되도록 노력하였다. 그리고 성불을 이루면 중생들이 윤회에서 벗어나 삶의 고통에서 벗어날 수 있도록 중생제도에 힘쓰겠다."

고행자 수메다가 여덟 송이의 꽃을 이름 모를 젊은 아가씨로부터 받아 연등불에게 올리자 연등불은 젊은 아가씨와 수메다 사이에서 일어난 일을 모두 아시고, 또한 수메다의 마음에서 일어난 서원도 간파하시고는 수메다가 성불할 것이라 예언하였다.

'네 겁을 지난 후 '싯달다 고타마'라는 이름으로 태어나는 수메다는 젊은 아가씨 수미타와 결혼한 후 출가 수행하여 성불할 것이다.'

연등불은 수메다에게 어떻게 하여야 성불할 수 있는지도 말하지 아니하였다. 성불은 오직 수메다 자신의 마음에서 일어난 믿음과 지혜를 가지고 반야바라밀다 수행을 통해서만이 가능하기 때문이다.

수메다는 오직 자신의 성불을 위해서는 열 가지 바라밀과 함께 4무량심을 실천하면서 수행을 하여야 한다는 것을 알게 되었다.

네 겁 후에 태어나는 생에 와서 싯달다는 십바라밀과 4념처 수행을 하고, 일체종지를 득할 수 있는 마음의 준비가 되어 있었다.

출가하여 6년이 지나는 사이에 마가다국의 숲과 바이샬리, 그리고 코살라국에서 수행을 하셨으며, 그 동안에 이 지역에서 오랫동안 탁발수행하는 고행자들을 만났다. 싯달다 보살은 이 고행자들과 함께 여러 형태의 명상과 수행을 하였으나 이러한 수행으로는 보살이 원하는 결과를 얻을 수는 없다는 것을 알게 되었다.

6년간 설산수행을 하는 과정에서 두 분의 스승을 만났다. 첫 번째 스승은 알라라 칼라마로서, 이 스승은 싯달다왕자에게 색계의 4선과 무색계의 공무변처와 식무변처까지 가르쳤다. 그러나 이 경지로써는 출가의 목적을 성취할 수 없음을 알고 다시 두 번째 스승을 찾았다.

두 번째 만난 스승은 우드라카-라파푸트라이다. 이 스승은 무색계 선정의 네 번째 경지인 비상비비상처까지 가르치셨다. 역시 싯달다 왕자는 이 경계로써는 멸진정을 통해 누진통을 얻는 것으로써 이룩할 수 있는 성불이 불가능함을 알고 좀더 보다 깊은 경계에 도달할 수 있는 고행을 시도했으나, 이러한 고행으로써는 성불은 이룰 수 없음을 깨닫고 설산을 떠나 보디가야로 하산하였다.

마침내 싯달다 보살은 이 지역에서 전통적으로 출가 수행하는 방법을 포기하고 대신 보살이 출가전 수행해 왔던 수식관 명상(Anapanasati)으로 돌아가기로 결심하였다. 그때부터 보살은 규칙적으로 탁발을 나갔고 매일 식사를 했다. 이제 싯달다의 건강은 완전히 회복되었다. 그의 얼굴은 그가 궁전에 살고 있을 때처럼 금같이 빛났다.

고행을 통해 깨달음을 얻으려는 것은 마치 모래로 밥을 지으려는 것처럼 불가능하다는 것을 분명히 알았지만 다른 다섯 고행자들은 전혀 다른 생각을 가지고 있었다. 이 들은 분명히 심한 고행을 통해서만이 깨달음을 얻을 수 있다고 생각했다. 싯달다가 고행을 포기하고 정상적으로 식사를 하자 다섯 고행자들은 그가 폭식가로 변했다고 생각하면서 바라나시(Benares) 근처에 있는 사르나드(Sarnath)로 떠났다.

어느 날 아침 이웃 마을에 사는 수자타(Sujata)라 불리는 여인이 맛있는 우유와 야채를 섞어서 만든 쌀밥을 가져와서 싯달다에게 먹기를 청했다. 싯달다에게 공양을 바치고는 이 여인은 말하였다.

"저의 소원이 이루어졌듯이 성자님의 소원도 이루어지기를 바랍니다."

싯달다는 여인이 준 공양을 먹은 후 신체와 정신건강이 회복되는 것은 무엇보다 중요한 일이라고 생각했다. 수자타는 자기에게 아이가 있었으면 하고 바랬는데, 이 소원이 이루어지자 싯달다에게 감사의 표시로 공양을 바쳤던 것이다.

보살이 카필라바수트성을 떠난지 6년이 되는 해 비사카 달 보름날 굳은 결심으로 출가시 세웠던 목표를 달성하기 위해 보다 강렬한 힘을 기울여 명상에 들어갔다. 보리수 아래에 앉은 싯달다는 결심하였다.

"나는 살이 쪼그라들어 피부와 뼈만 남는다 해도 삶과 죽음을 윤회하는 고통으로부터 나 자신과 모든 사람들을 구제하는 방법을 깨닫는 목적을 달성하기 전에는 이 자리를 떠나지 아니하겠다."

싯달다는 깨달음을 얻기 전에는 그 자리를 떠나지 아니 할 것을 맹세한 것이다. 그때부터 싯달다는 자연으로부터 오는 모든 방해를 제거하고 지난날의 허무한 즐거움을 쫓아버리기 위해 의지를 집중하였다. 그는 궁극적 진리를 찾기 위해 모든 속세의 생각을 여의고 마음을 집중했다. 이렇게 진리를 추구하면서 자신에게 물었다. "무엇이 모든 고통을 일으키는가? 어떻게 사람들은 고통으로부터 벗어날 수 있는가?"

2. 마왕 파순과의 대화

서른다섯의 젊은 싯달다는 그가 궁전에서 살 때 아버지가 제공해준 편안함과 즐거움의 인상이 아직 남아서 때때로 나타나곤 하였다. 이때 마왕 파순이 나타났다. 실은 마왕 파순은 싯달다왕자의 수행과정을 계속해서 지켜보고 있었던 것이다.

마침내 왕자가 굳은 결심을 하고 보리수 아래에 앉아 있는 모습을 본 파순은 화가 나서 들고 있던 수레바퀴를 보살을 향해 힘껏 던졌다. 그 날카로운 칼날이 박힌 수레바퀴는 보살의 머리 위에 이르자 연꽃의 일산(日傘)이 되어 보살의 몸을 가려 주었다. 그러자 마왕의 권속들은 큰 돌산을 던졌다. 그러나 그 돌산도 꽃송이가 되어 부처님의 주위에 흩어졌다.

마왕 파순이 씩씩거리며 보살에게 말하였다.
"너는 내가 아무런 공덕이 없다고 했지만 나도 좋은 일을 하였다. 너만 그 자리에 앉을 것이 아니라, 나와 나누어 앉자. 자리를 비켜라."

그러나 마왕은 보살을 협박하여 굴복시킬 수 없음을 알았다. 그는 보살을 회유하기로 하였다.

"이봐요, 싯다르타 태자가 부처가 되고 해탈을 얻었다 해서 무엇 하겠는가. 또 그것은 되지도 않을 일이다. 차라리 그보다는 세간의 지배자가 되어 제왕이 되는 것이 좋지 않겠는가? 그것이 싫다면 천상에 올라 나의 지위를 계승하는 것은 어떤가?"

보살은 말하였다.

"마왕이여, 너는 단 한 번의 보시를 한 덕으로 욕계의 지배자가 되었기 때문에, 너로서는 부처가 되는 것이 불가능하다. 그러나 나는 셀 수 없을 만큼 많은 생을 통하여 몸과 목숨을 다해 중생에게 보시하였다. 그러므로 나는 이제 부처가 될 수 있다."

마왕은 보살의 말을 듣자, '옳다구나' 하면서 기뻐하였다.

"과거 생에 있어서 내가 보시한 공덕이 있음을 지금 너는 스스로 증언해 주었다. 그러나 네가 한 것은 누가 증명할 수 있는가. 아무도 없지 않은가. 말을 잘못한 탓으로 내가 이겼다. 네가 아니라도 내가 한 보시를 증명할 사람은 많다. 애들아, 그렇지 않느냐?"

마왕의 권속들이 외쳤다.

"물론, 우리 모두가 보았소. 우리가 증인이요."

그 소리는 대지를 찢는 듯하였다. 보살은 말하였다.

"너의 증인은 의식이 있는 중생이지만 나의 증인은 의식이 없다. 내가 일체도(一切度)의 몸으로 태어나 칠백 번을 보시할 때만 해도 나의 증인은 의식을 갖지 않은 지금 내가 앉아 있는 이 대지(大地)이다."

그리고 게송으로 읊었다.
　　"만물(萬物)이 의지하는 대지여,
　　살아 움직이는 것과 움직이지 않는 모든 것에게
　　공평한 이 대지가
　　나를 위해 진실한 증인이 되리라.
　　대지여, 나를 위하여 증언을 하라."
게송이 끝나자마자 대지는 동, 서, 남, 북, 상하로 크게 진동하였다. 그 때 부동(不動)이라는 대지 여신은 모든 대지의 여신들을 이끌고 와서 말하였다.

"보살의 말씀과 같습니다. 저희들이 증인입니다. 당신이야말로 인간의 세계는 물론, 신들의 세계에 있어서도 최고의 권위자이십니다."

이리하여 마왕의 계획은 전부 수포로 돌아갔다.

3. 보살의 영적체험(靈的體驗)

보살은 이로써 욕계의 지배자인 마왕이 지배하는 자신의 내

면에 자리하고 있던 욕망의 세계를 완전히 극복하게 되었다. 보살은 이제 진실로 모든 번뇌의 속박을 벗어나 선정(禪定)에 들 수 있게 되었다. 마왕을 항복시키므로 해서 부처의 지위는 눈앞에 다가왔다.

보살과 마왕의 대화 속에는 여러 가지 문제가 내포되어 있다. 세간의 권력을 미끼로 해서 종교적인 사명을 단념하게 하는 유혹은 현세적인 가치관과 종교적인 가치관의 갈등인 것이다. 마왕의 여러 가지 도전은 구도자의 내면에 도사린 번뇌와의 싸움을 비유한 것으로 이해되고 있다. 따라서 마왕 파순의 정복은 구도자 자신의 내면에 도사린 번뇌의 정복이며, 현실적인 욕망의 정복이라고 할 수 있다. 그것은 영적체험(靈的體驗)을 상징한 것이다. 영적체험이란 오직 인간만이 경험할 수 있는 체험이다.

4. 진리의 탐구

마왕을 항복받은 보살은 선정(禪定)에 들었다. 베사카 달 만월이 뜨는 보름날 밤에 보리수 밑에서 결가부좌를 하고 앉아 시간과 공간에 관한 본질을 그리고 이 시공 안에 있는 일체의 유정과 무정에 관해 참구하기 시작하였다.

이때 싯달다 보살이 사용한 과학기구로는 고도의 심리 현미

경으로써 이에 사용된 렌즈는 강한 힘을 지닌 것으로 자신의 지혜로써 철저하고 정밀하게 맞추어져 있었다. 이 당시 싯달다 보살은 자신이 출가 이후 계속해온 정진력으로 정신은 활짝 깨어 날카로운 상태가 유지되었고, 마음 챙김은 완전하고 맑았으며, 정신적으로 성성적적의 상태에 머물러 색계의 초선에 들어 수식관(Anapanasati)을 시행하였다.

초기 선정수행에서 무색정을 지나 도과수행을 통해 한시도 멈춤없이 수행자에게 요구되는 것은 알아차림 즉 정념이다. 그리고 '바른 기억'의 뜻도 있다. 수행자가 바른 기억을 갖추지 못하면 수행에서 얻은 체험을 바르게 해석할 수 없다.

사띠는 매 순간순간 '지금 이곳에서' 일어나는 '身·受·心·法' 4가지 대상을 꿰뚫듯 알아차리는 것을 의미하면서 동시에, 그 순간이 지나가고 나서 알아차린 것이 무엇인지 바르게 '새기는(다시 돌아 보는 것)' 기능도 아울러 있음을 알 수 있다. 그렇지 않으면 '체험'을 왜곡되게 해석하면서 가장 쉽게는 신비주의 길로 빠지기도 한다. 그래서 '새김'과 '알아차림' 등의 의미 모두를 포함한다.

① 초선(初禪)

비구들이여, 비구는 모든 감각적인 욕망을 떨쳐버리고, 모든 온전하지 못한 법들(不善法)을 떨쳐 버리며, 마음집중의 대상

에 대한 거친 사유(尋)와 미세한 사유(伺)가 있고, 감각적인 욕
망 등에서 멀리 떠남에 의해서 생겨난 희열(喜, pīti)과 행복감
(樂, sukha)이 있는 첫 번째 마음집중[初禪]을 성취하여 거기
에 머문다.

벗들이여, 첫 번째 마음집중(初禪)에는 다섯 가지 덮개(五
蓋·마음을 덮는 번뇌)가 끊어지고, 다섯 가지 선정의 요소(五
禪支·마음 집중의 요소)가 갖추어진다.

벗들이여, 여기에 첫 번째 마음 집중에 도달한 비구에게는
　　① 감각적 욕망에의 희구(希求, kāmacchanda)가 끊어
　　지고
　　② 악의(惡意, byāpāda)가 끊어지며
　　③ 혼침과 졸음(昏沈, thīna-middha)이 끊어진다.
　　④ 들뜨는 마음과 회한에 잠기는 마음(掉擧, uddhacca-
　　kukkucca)이 끊어진다.
　　⑤ 회의적인 의심(疑心·인식의 혼돈으로 인한 불확실
　　한 의식, vicikicchā)이 끊어진다.

첫 번째 마음집중에 도달한 비구에게는
　　① 거친 사유(尋, vitakka),
　　② 미세한 사유(伺, vicāra),
　　③ 희열(喜, pīti),

④ 행복감(樂, sukha),

⑤ 하나의 대상에 대한 마음의 통일(心一境性, cittekag-
gatā)이 작용한다.

선(禪)・정(定)・삼매(三昧)는 語源은 다르지만 초기경전에
서 이 세 용어는 같은 의미로 사용되었으며 특별히 구별되지
않았다.

한역의 선정(禪定)에 해당하는 jhāna-samādhi는 합성어로써
초기불전에는 없지만, 선을 닦는 자와 마음이 집중된 자가 동
의어로 사용되는 예는 법구경이나 숫타니파타 등의 운문경전
에 보인다. 그리고 선정인의 경우는 4선과 4무색정에 사용되
는 용례도 있다.

이곳에서 앞으로 수 없이 만나게 될 定과 三昧에 관해 좀더
자세하게 알아본다. 定 또는 三昧란 :
"대상에 대하여 마음을 고르게 유지하기 때문에, 또는 바르
게 유지하기 때문에 이것이 삼매이다. 그것은 흩어지지 않음
을 특징으로, 또는 산란하지 않음을 특징으로 한다. 함께 생겨
나는 것(心과 心所)을 통일하는 것을 작용(味)으로 한다. 마치
가루가 물을 뭉치게 하는 것처럼. 고요함이 나타나는 것을 모
습(現狀)으로 하고, 특히 즐거움을 직접적 원인으로 한다. 삼
매는 바람이 없는 곳에 등의 불꽃이 멈추어 있는 것처럼, 마음

이 멈추어 있는 것이라고 알아야 한다.

이처럼 정 또는 삼매란 좋은 상태(kusala, 善)로, 마음이나 마음작용이 한 대상에 집중되어 움직이지 않고 있는 고요한 상태를 의미한다.

불교 선정수행 제1단계인 초선에서 가장 중요하게 강조하는 것이 심(尋)과 사(伺)이다. 심사는 마음을 한 곳에 집중하는 과정에서 제1 단계에 해당하며, 이는 수행자가 대상에 어떤 태도를 가지고 접근하여야 하는 가를 설명하고 있다.

먼저 심(尋)은 팔리어로 vitakka라 하는데, 심리학에서는 이를 응용 사유 행위의 일종으로 다룬다. 근본불교 아비달마에서는 尋은 마음이 정신집중에서 대상을 어떻게 활용할 것인가를 숙고하는 정신작용을 말한다고 했다.

이와 같이 마음이 대상을 정신집중의 목적으로 활용하는 기능은 여러 형태가 있는데, 먼저 감관을 통해 대상을 분별하고, 대상을 기초로 하여 상상을 일으키기도 하며, 그 내용을 짐작하기도 하고, 구체적으로 합리적 분석을 통하여 대상에 좀 더 가까이 닦아 간다. 이러한 대상을 향한 응용사유는 때로 불건전한 결과를 가져올 수도 있다. 예로써 욕구를 자아내는 대상이나, 혐오감을 일으키는 대상 등에서 특히 불건전한 생각을 일으키기도 하나 한편 대상에 대한 집착을 여의려하는 노력이나 대상에 대한 연민 등의 경우 尋은 건전한 행위라고 할 수 있다.

그러나 대상에 대해 vitakka를 통한 응용사유 접근방법은 마음을 대상에 좀더 가까이 접근하게 하는 기능을 한다. 청정도론(淸淨道論)의 尋에 대한 설명에 보면 尋은 정신집중에서 대상을 마치 논에서 거두어들인 농산물을 도리깨로 두들겨 탈곡하듯 가까이 접근하여 철저하게 분석 검토하여야 한다고 말하고 있으며, 밀린다경에서도 역시 정신집중에서 대상을 관찰할 때 마치 두 나무 조각에 구멍을 뚫어 붙여놓듯 마음이 대상에 흡수되어 하나가 되도록 하여야 한다고 말하고 있다.

다음은 팔리어 vicara로, 역시 찾는다는 뜻을 지닌 어휘지만, 이때 伺는 마음이 정신집중을 위해 대상을 선택 분별하는 과정에서 尋에 이어 지속된 사유를 통해 대상에 접근하는 기능이다. 결론적으로 伺는 尋에 비해 좀더 발전된 사유과정이라 할 수 있다.

근본불교 아비달마 소(疏)에 보면 伺는 정신집중을 위해 집중의 대상을 계속해서 분석하는 기능을 뜻한다 하였다. 응용사유는 대상에 대한 일차적 분별판단이라면 지속사유과정은 확실하게 대상에 마음이 집중케 하는 것이다.

응용사유는 벌이 꽃을 향해 날아서 접근하는 것이라면, 지속
사유는 꽃에 접근한 벌이 꿀을 찾아 꽃 주위를 윙윙대며 날아
다니는 행위에 해당한다. 결론적으로 응용사유는 마음이 같
은 대상에 집중하여 접근하는 것이라면 지속사유는 마음이 대
상에 닻을 내려놓은 것이다.

② 제2선(第二禪)

다시 비구들이여, 거친 사유(尋)와 미세한 사유(伺)가 가라
앉고 마음의 정결함(sampasādana)과 전일성(專一性)이 있는,
거친 사유가 없고(無尋) 미세한 사유도 없는(無伺) 마음집중
(samādhi)에서 생긴 희열과 행복감이 있는 제2선(第二禪)을
성취하여 머문다.

비교적 평화로운 마음상태로써 몸과 마음이 걸림이 없는 적
정의 상태에 든다. 제2선을 구성하는 요소는 희열(喜), 행복감
(樂) 그리고 심일경성(心一境性)이다.

③ 제3선(第三禪)

다시 비구들이여, 희열을 버리고, 평온(捨, upekkha)에 머
문다. 마음챙김(正念)과 분명한 앎(正知)을 지니고, 몸으로 행
복을 경험하면서, 성자들이 평온함과 마음챙김을 지니고 행복
감에 머문다'고 한 제3선(第三禪)을 성취하여 머문다.

보다 깊은 평정심(捨·일체의 미련을 뒤로 한 기분)이 일어나며, 어떤 것도 의식을 거슬리지 않는다. 자신과 대상과의 구분이 흐려진다. 원거리에서 울려오는 듯한 소리를 듣게 된다. 카리스마적 느낌이 일어난다. 귀울림이 일어난다. 신체의 여러 부분이 저려오는 느낌이 일어난다. 환상이 일어난다. 제3선을 구성하는 요소는 행복감(樂)과 심일경성(心一境性)이다.

④ 제4선(第四禪)

다시 비구들이여, 비구는 행복감(樂)을 떠나고 괴로움(苦)도 떠나고, 그 이전에 이미 기쁨과 슬픔을 없애버린, 불고불락(不苦不樂)인, 그리고 평온(捨)에 의한 마음챙김의 청정함이 있는 (또는, 평온과 마음챙김이 청정하게된; upekkhā-sati-pārisuddhi) 제4선(第四禪)을 성취하여 머문다.

깊은 선정에 들어, 선정에서 나오기가 싫어진다. 변질된 의식상태에 있지만 주위 환경을 알아차림 한다. 자신이 호흡을 멈추었다고 착각한다. 제4선을 구성하는 요소는 평온(捨)과 심일경성(心一境性)이다.

비구들이여, 이것을 바른 마음집중(正定)이라고 한다. 이 마음 경계는 바로 신통력을 얻을 수 있는 기초가 마련되는 계기이다. 또한 보살이 자재(自在)의 힘을 득하는 길이다.

5. 무색계의 4처정(處定)

부처님 이전에 벌써 사마타(samatha) 8선정의 수행이 정립되어 있었다. 초선정에서 4선정까지는 호흡, 소리, 빛 등의 물질적 요소에 집중하는 것이고, 5선정에서 8선정까지는 물질의 세계를 벗어나면서 무의식 세계로 나아가는 무색계선정(無色界禪定)이다. 간략하게 무색계 4선정만 청정도론(淸淨道論)에 입각하여 살펴보겠다.

ⓐ 공무변처정(空無邊處定) : 색계 4선정에서 벗어나 집중한 대상을 향하여 '끝없는 허공, 끝없는 허공' 하면서 물질을 대상으로한 수행에서 벗어난다.

ⓑ 식무변처정(識無邊處定) : 무색계 초선정의 고요하지 못함의 허물을 보아 무색계 2선정에 마음을 기울인다. 끝없는 허공에 따른 의식에 마음을 집중한다. 끝없는 허공이라는 선정의 대상을 벗어나서 끝과 한계의 구분이 없는 의식작용이라고 생각하여 '끝없는 의식작용'의 선정에서 지낸다.

ⓒ 무소유처정(無所有處定) : 식무변처정보다 더 고요한 상태로 나아가기 위한 선정이다. 공무변처정의 끝없는 허공을 관하는 인식작용을 생각하지 않고, '없음, 없음'이라고 하거나 '조용함, 조용함'이라고 거듭거듭 생각한다.

ⓓ 비상비비상처정(非想非非想處定) : 무소유처정에서 더욱
더 정묘로운 상태로 나아가기 위한 선정이다. '생각은 병이다.
생각은 종기와 같다. 생각은 박혀 있는 가시와 같다. 거친 생
각은 없으며, 섬세하고 미세한 생각이 없지 아니한 무색계 4
선정은 조용하고 높다.' 이렇게 무소유처정에 탐착하던 것을
다하게 하여 '조용하구나, 조용하구나' 하고 거듭거듭 생각하
며 마음집중을 한다. 무소유처정의 대상과 영상을 거듭거듭
의지하여 반복하면 사라짐이라는 명칭, 없다는 명칭에 비상비
비상처정이 생긴다.

《능엄경》에 의하면 공무변처정은 몸이 장애됨을 깨달아 장
애를 소멸하고 공(空)에 들어가는 것이다. 모든 장애가 소멸
하고 장애가 없어졌다는 것까지 멸하면 그 가운데는 오직 아
뢰야식과 말라식의 미세한 부분만 남게 되는데 이를 식무변처
정이라 한다. 공과 색(色)이 모두 없어지고 식심(識心)까지 멸
하여 시방(十方)이 적연하여 훤칠하게 갈 데가 없으면 무소유
처정이라 한다.

이는 말라식과 아뢰야식이 잠복된 상태이다. 아뢰야식의 종
자인 식성(識性)이 동(動)하지 않는 가운데 다함이 없는 데서
다한다는 성품을 발명하여 있는 듯하면서 있는 것이 아니고,
다한 것 같으면서 다한 것이 아닌 상태가 비상비비상처정의
상태이다.

이 역시 제8식 아뢰야식을 완전히 벗어나지 못한다. 부처님이 처음 만났던 알라라 칼라마는 무소유처정에 있었고 웃타카라마풋타는 비상비비상처정의 경지에 있었다. 부처님은 여기에 만족하지 않았다. 참으로 부처님은 진솔하게 "내가 정말 생사를 해탈하였는가? 위없는 깨달음은 얻었는가?"라고 자신을 되돌아보고 보리수 아래로 가서 12연기로 위없는 깨달음을 얻으셨던 것이다.

6. 신통력

여섯 가지 신통력은 보살이 필요에 따라 득 할 수 있지만 싯달다 보살은 이 가운데 오직 세 가지 신통력만을 참구하였다. 첫째는 중생세계는 물론 법계 모두의 실상을 볼 수 있는 천안통(天眼通)을, 둘째는 전생의 일을 들여다 볼 수 있는 능력인 숙명통(宿命通), 그리고 일체의 정신적 장애와 번뇌에서 벗어날 수 있는 누진통(漏盡通)을 득하였다.

(a) 숙명통

싯달다 보살은 숙명통에 의지하여 자신의 과거생을 들여다보았다. 보살은 처음 몇 전생을 보고, 이어서 수백 또는 수천의 전생에 관해 알아보았다. 그 많은 전생에 '나는 무엇이라 불렸으며, 어떤 가족의 일원이었고, 어떤 직업을 지녔으며, 누가 나를 키워주었는지' 등에 관해 알 수 있었다. 또한 이 긴 전생에서 서로 인연을 맺은 온갖 사람들에 관해 일일이 알아 볼 수 있었다.

다음 보살은 중생세계는 물론 이 세간을 떠나 출세간적 실상에 관해 알아볼 수 있었다. 그 가운데서도 한 생에서 다른 생으로 윤회하는 과정에서 바뀌는 것이 있다면 그것은 오직 형색과 정신이라는 것이었다. 또 하나 싯달다 보살이 발견한 것은 이렇게 수 없이 많은 윤회의 과정에서 나, 또는 내 것이라고 주장할 만한 것은 아무 것도 없다는 것을 알게 되었다.

이러한 숙명통을 통해 전생의 오랜 기간에 일어난 세상사와 개인으로서의 자신에게 일어난 일을 알게 된 싯달다 보살은 그 동안 자신이 지니고 있던 내용들 가운데 잘못된 것이 무엇인가를 알게 되었다.

(b) 천안통

첫 번째로 천안통에 의지해서 참구하였다. 보살은 천안통으로 중생의 모습을 관찰하였다. 중생은 태어나서는 죽고, 죽어서는 다시 태어나면서 혹은 아름답게, 혹은 추하게 태어나고, 혹은 안락한 곳에서 태어나고, 혹은 고뇌가 있는 곳에 태어나며 그 빈부(貧富) 귀천(貴賤)은 각양각색인 것을 보았으며, 그러한 것은 모두가 자신이 지은 업(業)에 따라 일어나는 것임을 알았다. 그리하여 보살은 생각하였다.

'실로 몸으로 나쁜 짓을 행하고, 성인을 비방하며 삿된 생각을 하는 중생은, 삿된 생각에 의하여 행동하기 때문에, 죽어서는 고통스러운 지옥에 떨어진다. 그러나 몸과 마음으로 선행하고, 성인을 비방하지 않고 바른 생각을 하는 중생은, 바른 생각에 의하여 행동하기 때문에 죽어서는 안락한 천상에 태어난다.'

보살은 천안통에 의하여, 이같이 중생의 생사를 바르게 관찰하여 바른 지혜를 실현하였다. 세간 일체의 멀고 가까운 모든 고락의 모양과 온갖 형체와 색을 속속들이 내다볼 수 있는 자유 자재한 작용력. 곧 장애를 받지 않고 자유자재하게 환히 뚫어볼 수 있는 힘으로 인간이 어떤 계기를 통해 어머니에게 수태되고, 탄생하여, 성장하면서 살다 죽어가는 과정을 모두 알게 되었다. 또한 업과 6도 윤회의 과정 즉 중생의 생·주·이·멸 등 4상에 관해 자세하게 볼 수 있게 되었고, 업과 공덕, 그리고 과보의 상관관계에 관해 자세하게 알게 되었다.

7. 근본불교(根本佛敎修行·4向4果修行·비파사나修行)

도과수행법을 '비파사나'라 칭하는데, 이 수행법을 간단하게 해설한다.

〈비파사나 수행의 해설〉

비파사나(vipassana)는 빨리어이고, 산스크리트로는 비파시

아나(vipasyana)로써, 근본불교 수행법으로 현실의 실상을 통찰력을 가지고 관(觀)하는 마음수행법이다. 이때 현실의 실상이란 불교의 삼법인(三法印)으로, 제행무상(諸行無常), 제법무아(諸法無我) 그리고 일체개고(一切皆苦)를 뜻한다.

비파사나 수행법은 오늘날 남방불교 장로파 스님들과 불자들의 마음수행법으로, 전래되어온 수행법을 레디 사야다우(Ledi Sayadaw)와 모곡 사야다우(Mokok Sayadaw)에 의해 부활되고, 마하시 사야다우(Mahasi Sayadaw)에 의해 널히 장려되어 왔으며, 특히 재가불자 고엔카(Goenka)에 의해 전 세계적으로 대중화 되어 오늘에 이르고 있다.

비파사나 수행의 '호흡 마음챙김'은 명상가들이 쉽게 이에 적응함으로써 짧은 시일 동안에 많은 수행자들의 인기를 모았다. 비파사나 수행은 주로 4념처 수행으로, 자신의 신체, 지각, 마음, 그리고 심리작용 등을 알아차리는 수행으로, 수행자는 존재의 실상 즉 3법인을 관하여 그 진리를 증득하게 된다.

비파사나는 빨리어로 앞의 접두사 'vi-'와 동사의 어근 'pas'로 구성되어 있다. 통상 이 단어는 '통찰력' 또는 '바르게 보다, 알다'의 뜻이나, 바른 해석은 '깊이 있게 그리고 철저하게 뜯어보다'는 뜻이 가장 근사한 해석일 것이다.

비파사나와 유사한 단어는 'paccakkha'로써, 뜻은 '눈앞에 있는 것을 보다'는 뜻으로 이는 지각을 통한 경험을 뜻한다. 그래서 비파사나는 직접지각으로 이는 이성적 추론이나 토론을 통해서 얻어진 지식과는 다르다.

통찰력이란?

경전 안에서 비파사나란 말은 찾아보기 힘들다. 초기 경전에서 설사 이 말을 찾는다해도 사마타(samatha)와 함께 쓰여져서 마음을 정에 들게 하여 밝은 눈으로 세상을 본다는 뜻이 전부이다.

그러나 경전 여러 곳에 등장하는 定(Jnana)과는 아주 대조되는 뜻을 지닌 비파사나는 거의 사용되지 않고 있다. 부처님께서 제자들에게, "조용한 곳에 가서 명상을 하라" 하셨다면 그 뜻은 定을 뜻한 것이지 비파사나 명상을 말씀하신 것은 아니라는 것이다. 그래서 후세에 비파사나는 마음의 적정을 이루는 定과는 별개의 것으로 인식되어왔다.

꾸밈이 없는 통찰력

근본불교 상좌부 스님과 대승불교 스님들간에 통찰력의 해석에 관해 서로 상반된 의견을 가지고 토의를 한 자취를 경전에서 찾아 볼 수 있다. 이 토의를 통해 얻어진 결론은 우리는 통찰력을 가지고 3법인을 관함으로써 열반을 득할 수 있다는 것이다. 이러한 결론은 4성제와 8정도 수행에 관한 지식과 통찰력의 종합이다.

근본불교 전통에 따르면 깨달음 또는 열반은 오직 모든 비파사나 통찰의 4위를 완성함으로써만이 가능한 것이다.

＊이곳에서 비파사나 통찰 4위란 근본불교 수행의 도과수행(道果修行：預流·一來·不來·阿羅漢)을 말한다.

이것은 하나의 발전과정으로써 최종 깨달음을 홀연히 얻게 된다는 것이다.

근본불교 학파 가운데 하나인 성문승에서는 통찰력이란 홀연히 얻게 되는 것이라 주장한다. 수행의 진전은 홀연히 나타나 얻어지는 것으로 점차적으로 얻어지는 것은 아니라고 말한다.

다른 학파인 대중부에서는 엑카사나 싯(ekasana-citt) 즉 한 사유 순간에 일체가 얻어진다고 한다. 이러한 돈각은 실은 오직 부처님이나 연각불에게만 있을 수 있는 일이다. 반면에 중생들은 오랜 수행과 통찰력의 개발을 통해 여러 단계를 거쳐서만이 깨달음이 가능하다.

대승전통에서는 두 진리 空과 法性을 깨우쳐 주는 통찰력은 바로 반야지라고 강조한다. 그래서 경전의 이름을 '반야바라밀다'라 하였으며, 이로써 통찰을 통한 반야지의 중요성이 크게 강조되고, 대신에 감정을 제어하기 위해 일체의 탐심을 놓고 무집착에 이르는 수행과정은 거의 무시되었다.

근본불교와 대승은 두 다른 유형의 불교이지만 이 둘 간에 공통점이 있다면 통찰력의 중요성을 강조하고 있다는 것이다. 깊이 있게 들여다 보면 중국의 선종은 대승불교이긴 하지만 실은 근본불교의 삼림불교(森林佛敎, 태국전통) 전통과 근사하며, 중국 선종에서 사용하는 어구들은 고대 전통에 따른 道家와 儒家의 가르침의 영향이 뚜렷하게 들어나 있다.

통찰력은 선에서 주장하는 돈각과 근사함을 알 수 있다. 다른 것이 있다면 돈각에는 각에 이어 계속해서 점수(漸修)가 따라야 된다는 것이다.

그리고 적정명상은 죽음과 신체의 무상함을 관함으로써 이루어진다. 이러한 비파사나 수행법은 전통과 종파에 따라 다르기는 하지만 주목적은 통찰력을 기르는데 있다.

비파사나 수행법의 부활에 관여한 인물들

오늘날 세계적 명상수행으로 대중화된 비파사나는 지금으로부터 2천5백 년 전 부처님께서 직접 발전시킨 수행법이다. 부처님은 이 수행법으로 무상정등각을 얻으시고, 제자들에게 이 법을 전하면서 다음과 같이 말씀하셨다.

"비구들이여, 여러 중생을 제도하기 위해 세상을 주유하면서 자비심을 펼치고, 천신과 중생을 위해 노력하여라. 내가 설한 법은 신령스러운 것이며, 완전하고, 순수하다."

스리랑카에 전하는 대역사기(大歷史記, Maha Vamsa)에 의하면 부처님 열반 250년 뒤 아쇼카대왕은 자신이 외딸 상가미타와 아들 마힌다를 보내 불교를 전하고, 이어서 많은 스님들을 해외 포교사로 파견하기 시작하였다.

이와 함께 아쇼카왕은 쏘나(Sana)와 웃따라(Uttara)를 당시 수바사부미(Suwanabhumi, 황금의 땅)로 파견하였다. 이로써 버마(미얀마) 땅에 불교가 처음으로 전파되었다. 버마땅에 부처님 말씀이 전해진 것은 실은 부처님 당시이다.

부처님께서 정등각을 얻으시고 보리수 나무 밑에 앉아 계실 때 그 곳을 지나던 버마 상인 따푸사(Tapussa)와 발리카(Ballika)는 보리수 나무 밑에 앉아 계신 부처님의 금빛 후광에 놀라 가까이 가서 절을 하고 가지고 있던 쌀밥과 꿀을 공양으로 올렸다. 그리고는 부처님과 부처님의 가르침에 귀의하였다.

부처님은 이 두 버마 상인으로부터 성도 후 최초의 공양을 받으시고, 그 징표로 여덟 개의 머리카락을 주었는데, 이 두 상인은 왕에게 그 사실을 알리고, 왕은 그 머리 카락을 모시고 오늘날까지도 세계에서 가장 높은 불탑을 건립하였다. 그 탑이 버마 양곤에 있는 쉐다곤탑이다.

부처님께서 비파사나 명상법을 발전시키고 이를 통해 성도하신 후 제자들에게 같은 방법의 수행을 전했으나, 제자들은 근기에 따라 여러 유형의 비파사나 수행법을 시행하였다. 부처님 열반 후 통일성이 결여된 수행법은 인도 각 지방으로 전파되면서 더욱 전통성을 유지하기가 어려워졌고, 더욱이 해외로 파견된 포교사가 전하는 비파사나 수행법은 그 전통이 완전히 사라지거나 각 나라의 수행문화의 영향을 받아 변질된 것은 확실하다.

이렇게 해서 미얀마로 전해진 비파사나 수행법은 그 발생지인 인도에서는 일찍이 명맥이 끊어졌고, 미얀마에서는 20세기 초까지 오직 몇 곳의 사찰에서 그 명맥을 유지하였다. 이러한 비파사나 명상법에 새 생명을 불어넣어 준 사람은 1948년 버마(미얀마)가 영국으로부터 독립하면서 초대 재무장관을 역임한 우바킨(U. Ba Khin Sayagyi)이다.

우바킨은 친구이며 부호의 아들 사야 텟 기를 통해 사야다우 스님으로부터 배운 명상법을 전해 듣고, 사야 텟 키가 세운 명상수행원에 들어가 10일간 이 수행법을 익혔다. 그리고 돌아와 재무부 요원들에게 수행법을 전파했으며, 미얀마 최초로 명상협회를 구성하였다.

정부에서 은퇴한 우바킨은 계속해서 비파사나 수행법을 버마 국민에게 전하는 일을 해왔고, 1952년 국제 명상센타를 양곤에 설립하였으며, 많은 국내 및 외국 수행자에게 비파사나 수행법을 교수하였다. 또한 1954~56간에 실시된 제6차 불교 결집을 준비하는데 참여하였다.

우바킨이 1971년 사망하자 그의 제자들은 해외로 진출하여 비파사나 명상법을 알리는데 노력하였으며, 미얀마 국내의 여러 사찰에서는 국내 및 해외 수행자들을 받아들여 교육하고 있다.

우비킨의 제자 가운데 한 사람인 인도 부호 상인의 아들 S.N. Goenka는 버마에서 태어났는데, 건강증진을 위해 배우기 시작한 비파사나 명상의 효용성을 실감하고, 이 명상법을 그 발생지인 인도로 옮겨 부활시키려 노력하였으며, 세계를 여행하면서 비파사나 명상법의 우수성을 강조하고 대중화 하는데 큰 역할을 하였다.

고엔카의 이러한 활동에 힘입어 오늘날 세계 94개국에 160여 개가 넘은 비파사나 명상센터가 설립되어 있으며, 인도 중부 뭄바이에는 세계 비파사나 센터가 설립되고, 비파사나 연구소와 비파사나 대학이 세워져 세계 각국에서 많은 사람들이 이곳을 찾고 있다.

1924년 당시 버마의 만달레이에서 태어난 고엔카는 오늘날과 같은 비파사나 명상법을 대중화시키는데 가장 많은 노력을 투자한 분으로, 그가 세운 세계 비파사나 명상센타에서는 년간 12만 명의 사람들이 참석하여 10일간의 비파사나 명상 프로그램을 갖는다고 한다.

고엔카는 물론 힌두교인이지만 근본불교를 깊이 있게 공부하였고, 빨리어에 능통하며, 훌륭한 지도력을 지니고 평생을 비파사나 명상법 대중화에 받쳤다. 스승 우바킨이 여행의 부자유 때문에 실행이 불가능했던 부처님의 비파사나 명상법 인도 복귀를 실현하였고, 종교를 떠나 누구든 원하는 사람은 비파사나 수행법을 배움으로써 보다 훌륭한 인간으로 재탄생 할 수 있다고 굳게 믿고 포교사로 일생을 바치고, 2013년 10월 인도에서 타계하였다.

도과수행(道果修行)의 팔리명은 비파사나(Vipassana)이다. 열반에 이르는 도과(道果)는 수다원(預流果, Srota-Apatti), 사다함(一來果, Sakrd-Agami), 아나함(不來果, Anagami), 아라한(應供, Arhat)의 네 단계가 있다. 지금으로부터 2천 5백 년 전 싯달다왕자는 이 도과수행을 어떤 형식으로 수행했을까?

지금까지 싯달다 왕자가 시행한 선정(禪定)명상은 실은 그이전 천년을 넘게 인도에서 대중화되어 온 명상법이었다. 그러나 이 명상은 자신이 세운 목표를 달성하는데 한계를 느낀 싯달다왕자는 스스로 새로운 명상법을 찾아 내어 이를 실천에 옮김으로써 궁극 목표인 성불을 이루고 여래가 된 것이다.

　목표의 설정

　"그것이 생하는 특성을 지닌 것이라면 멸하는 특성도 함께 지니고 있다." 이러한 현실을 경험하는 일은 부처님 가르침에서도 대단히 중요한 내용 가운데 하나이다. 몸과 마음 안의 현상은 계속되는 과정 가운데 하나이다. 이 현상은 쉬지 않고 생멸한다. 이러한 생멸과정에 집착하면 틀림없이 고통을 가져다 준다.

　만약 우리가 순간적으로 변하는 이러한 과정을 이해하면 이러한 현상에 대한 집착은 사라진다. 이것이 바로 명상을 통해서 이루어지는 결과이다. 비파사나 명상은 몸에 일어나는 감각을 평정심을 가지고 알아차림하는 것이다. 이때 알아차림은 반응은 아니고, 평정심을 가지고 '새김(念)'하는 것이다.

　감각을 일상 하는 것처럼 분별심을 가지고 알아차리면 그 결과는 식형성력이 곱절이 되면서 더 많은 고통을 낳게 된다. 그러나 평정심을 통해서 조건과 집착을 놓으면 묵은 식형성력은 감각으로 표출되어 사라진다.

과거 경험이 축적한 식형성력을 제거하는 일은 오랜 시일과 반복된 명상을 요한다. 그리고 그 효과는 명상을 진행해 가면서 단계적으로 나타난다. 단계적으로 나타낸다는 말은 수행자의 계속된 명상수행을 요한다는 말이다. 인내심과 꾸준한 노력을 통해서만이 기대했던 결과를 가져올 수 있다.

궁극적 진실로의 침투

수행의 단계를 통상 셋으로 나눈다.

첫째는 수행자가 명상 방법을 숙지하고, 명상을 하는 목적을 정확하게 이해 하는 일이다.

둘째는 수행자가 습득한 방법에 따라 정확하게 명상을 실행에 옮긴다.

셋째는 자신의 현실(자신의 세계)로 깊숙이 침투하는 일이다.

이렇게 함으로써만이 최종목표에 도달할 수 있다. 부처님께서 실상세계에 반하는 가상(假相)세계의 존재는 물론 이 가상세계의 모양, 형태, 색깔, 취미, 냄새, 고통, 기쁨, 생각, 그리고 감정 등을 부정하지는 아니했다. 단지 부처님은 이러한 것들로 구성된 세상은 궁극적 현실은 아니라는 것이다.

인간의 시력은 한정되어 있어서 미세한 물질을 보지 못한다. 그래서 우리는 오직 시력 내에 나타난 것만을 보고, 그것으로 대상을 판별하며, 판별된 것 안에서 자신의 기호가 결정되고 그것을 가지고 편견과 선입관이 만들어진다. 그리고 이것에 기준해서 집착이 일어나고 역으로 혐오감도 구성된다.

대상에 대한 집착이나 혐오감에서 벗어나는 길은 오직 대상의 바탕을 깊이 있게 관할 수 있는 능력을 필요로 한다. 이렇게 함으로써 우리는 대상이 보여주는 면만 보는 것이 아니라 그 바탕도 함께 인식할 수 있다. 이 때문에 우리는 비파사나 수행을 하며, 오직 비파사나 수행을 통해서만이 대상의 실상을 관할 수 있다.

자연적으로 자성을 깊이 있게 관하기 위해서는 가장 뚜렷한 것으로부터 시작한다. 그것들은 각자가 가지고 있는 수족일 것이다. 자신의 신체를 점검해 보면 어떤 부분은 딱딱한가 하면 다른 부분은 연하고 부드러운 곳도 있다. 또 어떤 부분은 차갑게 느껴지는 곳도 있는가 하면 다른 부분은 주위 환경의 온도와는 다르게 따스한 부분도 있다. 이러한 점검을 통해서 우리는 우리 몸에 관해 많은 것을 알게 된다. 그러나 사람의 신체 구성은 모두가 조금씩 다르다. 이와 같이 사람마다 기호와 편견, 선입견, 집착 또는 혐오감의 대상 등에 차별이 있게 마련이다.

명상수행자는 내부로부터 표출되는 감각에 대해 알아차림의 훈련을 쌓으면 반드시 좀더 미묘한 세계를 알게 된다. 이러한 내적세계는 지금까지 우리가 알지 못하던 현실이다. 첫째 우리는 몸의 각 부분에서 일어나는 감각이 서로 다른 것이다. 이러한 감각은 일어났다 얼마간 머물다가 사라진다. 비록 우리가 표면상의 알아차림에서 얼마간 진전되어있다 해도 우리는 아직도 가상세계의 종합된 양상(페턴)을 관찰하는 것이다. 이때문에 우리는 아직도 분별심에서 벗어난 것은 아니다. 또한 집착과 혐오심에서 벗어난 것도 아니다.

계속해서 우리가 좀더 깊이 있게 명상을 하면 머지 않아 감각의 성질이 바뀌어가는 것을 알 수 있다. 이때쯤 되면 명상수행자는 몸에서 일어나는 미묘한 감각이 빠른 속도로 일어났다 사라지는 현상을 알아차리게 된다.

이 단계에 이르면 우리는 감각이 종합된 형태를 넘어서 감각자체가 미세한 소립자로 구성되어 있다는 것을 알게 되는 경지에 이른다. 그리고 이 소립자로 구성된 현상이 쉬지않고 생해서 사라진다는 것을 직접 경험하게 될 것이다.

이제 우리는 우리 안에서 혈액이거나 뼈, 그것이 고체이든 아니면 액체이든 또는 공기이든, 또는 혐오스럽든 아름답든, 우리가 분별할 수 없는 진동의 형태로 지각한다. 그리고 마침내 우리는 각 감각에 이름을 붙이거나 차별하는 일을 멈춘다. 이렇게 해서 우리는 우리 몸 안에서 일어나는 일체 물질의 궁극적 진실—부단히 생멸하는 진실을 발견하게 된다.

이와 유사하게 우리는 심리현상의 가상—밖으로 드러난 현상의 미세한 심층까지도 침투할 수 있을 것이다. 즉 어떤 대상에 대한 우리의 기호가 과거 경험의 영향에 따라 결정되는 순간이다. 다음 순간 이러한 기호는 계속해서 반복되며, 기존의 기호를 강화한다. 이러한 심리과정은 반복되어 마침내 대상에 대한 집착 또는 혐오심이 굳게 자리를 잡게 된다.

이때 우리가 지각하는 것은 강화된 반응에 불과하다. 이러한 지각이 표면적으로 즐거운 것인지 아니면 불쾌한 것인지, 좋은 것인지 아니면 나쁜 것인지, 또는 원하는 것인지 아니면 원치 않는 것인지 등을 구분하여 인식하기 시작한다. 그러나 물질세계의 가상처럼 심리현상도 마찬가지다. 내부에서 일어나는 감각을 지각함으로써 심리현상도 지각하게 되는데, 물론 이러한 심리현상도 어김없이 생명하는 것이다.

물질이 오직 소립자의 미묘한 주파이듯이 강한 감정도 역시 순간적으로 좋아하거나 싫어하는 것이 종합된 형태일 뿐으로 감각에 대한 순간적 반응이다. 강한 감정이 일단 미세한 형태로 용해되면 이 감정은 더이상 다른 감정을 위압할 만한 힘이 없다.

신체의 여러 부위에서 여러 다른 형태의 감각을 느낀다면 우리는 전 신체를 통해서 계속적으로 균일하게 느끼는 생멸하는 미묘한 감각을 알아차리게 된다. 전 신체를 통해서 느끼는 계속적으로 생멸하는 감각은 우리에게는 일종의 진동으로 전 신체를 통해 흘러가는 것 처럼 느낀다. 우리의 주의를 한 지점에 고정시켜 놓으면 오직 생명하는 감각을 지각할 뿐이다.

만약 생각이 마음에서 일어나면 이 생각이 생멸하는 감각을 수반한다는 것을 안다. 몸과 마음의 견도성도 사라지면 우리는 물질과 마음 그리고 심리현상의 실상을 경험하게 되고 그 것들은 실은 진동, 반복된 회전, 또는 생멸하는 것 뿐이다. 이러한 진리를 경험한 사람은 다음과 같은 게송을 남겨놓았다.

이 세상은 불 속에 있다.
이 세상은 불에 타서 사라질 것이다.
모든 세상은 불타고 있다.
모든 세상은 진동하고 있다.

이러한 해체의 단계(bhanga)에 이르려면 명상수행자는 평정심을 일으켜 모든 것을 알아치리는 것 말고는 아무 것도 할 것이 없다. 이는 마치 과학자가 좀더 미세한 대상을 관찰하려면 강도 높은 현미경을 필요로 하듯 명상수행자는 꾸준한 평정심으로 알아차림을 발전시킴으로써 내부의 미묘한 현실을 관할 수 있는 능력을 개발하는 것이다.

　이러한 것을 경험하는 것은 대단히 기쁜 일이다. 모든 괴로움과 고통이 사라지면 감각이 없는 부분은 모두 사라진다. 그리고 우리는 평화와 행복 그리고 지복의 기쁨을 맛보게 된다. 부처님은 다음과 같이 말씀하셨다.

　　생멸하는 심신의 작용을
　　경험한 사람
　　기쁨과 지복의 행복을 즐긴다.
　　그러한 사람 현자가 실현한 불사(不死)의 경지를 얻게
　　된다.

　명상이 진전되면서 수행자는 지복의 기쁨을 맛보게 된다. 그때 수행자의 마음과 몸의 견고성은 용해된다. 그러면 수행자는 기쁨의 경지를 경험하게 되는데, 이것이 수행의 목표가 달성된 것으로 착각한다. 그러나 그것은 수행과정의 한 통과지점에 불과하다. 이 지점으로부터 수행자는 더 정진하여 마음과 물질의 경계를 넘어 궁극적 진리를 경험하게 되고, 그때 일체의 고통을 여의는 것이다.

　위에 소개한 부처님 말씀은 명상수행자에게는 뚜렷한 메세지로 다가온다. 가상에서 세계를 침투하여 미묘한 세계이 이르면 우리는 온 몸을 통해 감각되는 진동의 흐름을 즐기기 시작한다.

　그리고 나서 갑자기 진동의 흐름이 사라지면서 우리는 다시 강한 불쾌한 감각을 몸의 한 부분에서 경험하는가 하면 다른 부분에서는 감각을 지각하지 않는다. 그리고 다시 우리는 마음에서 강한 감정을 경험한다. 만약 우리가 이러한 사항에 혐오감을 가지고 이전의 상태로 돌아가기를 원한다면 이러한 수행자는 비파사나 수행을 이해하지 못하는 사람이다. 이러한 경우 이 사람은 불쾌한 경험을 피하고 즐거운 경험만을 추구하는 것을 목적으로 삼는 지금까지 우리가 살아온 방식의 논리를 기대하는 것이다. 이것은 바로 밀고 당기고, 즐기기도 하고 피하기도 하는 일상생활은 게임에 빠지게 된다. 이 경우 결과는 오직 계속되는 고통이 있을 뿐이다.

　몸과 마음의 견고성이 해체된 이후에도 전과 같이 조잡한 감각이 되돌아온 것을 경험하는 것은 명상의 퇴보가 아니고 진전에 해당한다. 우리가 비파사나 수행을 하는 것은 어떤 특별한 감각을 경험하기 위해서가 아니다. 그보다 우리의 무의식 안에 있는 식형성력을 제거하고 결과적으로 마음을 해방시키면서 고통에서 벗어나는 일이다.

　수차 말하지만 우리는 불쾌한 감각을 평정심을 가지고 알아차림으로써 혐오심을 멸하고, 즐거운 경험도 역시 평정심을 가지고 알아차림으로써 집착을 버린다. 또한 즐겁지도 불쾌하지 않은 감각을 평정심을 가지고 알아차림으로써 무명을 멸한다. 그래서 실은 어떤 감각도 어떤 경험도 근본적으로 바르고 또는 사악한 것은 아니다. 우리가 감각에 반응을 보이면 그것은 나쁜 것이고, 역으로 감각을 평정심을 가지고 대하면 그것은 선한 것이 된다.

이러한 진실을 이해함으로써 우리는 모든 감각을 식형성력을 제거하는 방편으로 사용한다. 이러한 단계를 sankhara-up-ekkha라 하는데, 이는 진실로 자유 즉 열반에 이르는 길로 안내하는 수행이다.

해방된 자유의 경험

고통으로부터의 해방은 가능하다. 우리는 모든 식형성력으로부터 벗어날 수 있고, 일체의 고통으로부터 해방될 수 있다고 부처님은 말씀하셨다.

일체의 물질세계를 초월한 그리고 마음의 경지를 넘어선 경험의 세계가 있다. 그 곳은 이 세상도 아니고 다른 세상도 아니며, 이 두 어느 세상도 아니다. 또한 달의 세계도 태양의 세계도 아니다. 그곳은 생멸하는 것도 아니고 안주하는 곳도 아니다. 그곳은 무엇이 떠 받들고 있는 것도 아니며 기반이 있는 것도 아니다. 그 곳은 바로 일체 고통의 끝이다.

열반은 사람이 죽어서 갈 수 있는 곳이 아니다. 열반은 지금 여기에서 경험할 수 있는 무엇이다. 열반이 부정사를 사용함으로써 많이 설명하는 것은 다른 방법으로는 설명할 수 없기 때문이다. 세계 어떤 언어로도 일체의 마음과 정신의 상태를 설명할 수 있다. 그러나 마음과 물질을 초월한 것은 설명하거나 개념화 할 수 없다. 이것은 어떤 범주에도 들지 않으며 무엇이라 정의할 수 없어 오직 그것은 무엇이 아니라는 부정사만으로 설명된다.

실로 열반을 언어로써 설명하려는 시도는 무모한 행위이고, 오직 혼란을 불러올 뿐이다. 말로 설명하려 하거나 토의하려 하지 말고 중요한 것은 경험하는 것이다. 4성제에서 고통을 멸하는 길은 오직 증득하는 방법 뿐이다. 열반을 증득하면 그때 열반에 든 자는 비로소 열반의 진실을 알게 된다. 그 전에 열반이 무엇인가에 관해 다투는 것은 실로 옳지 않은 행위이다.

진정한 해방을 경험하기 위해서는 사바세계를 초월하여 몸과 마음의 견고성이 용해되는 경험하는 일이다. 사바세계를 초월하여 깊이 있게 침투하면 수행자는 집착으로부터 탐심과 혐오심을 버릴 수 있다. 그리고 궁극적 진리로 보다 가까이 다가갈 수 있다.

한 단계 한 단계 수행해 나가면 자연히 열반을 경험할 수 있는 경지에 이르게 된다. 열반의 존재를 의심할 아무런 이유가 없다. 다르마를 바르게 실천하는 사람 모두에게 열반은 반드시 오게 마련이다. 언제 열반이 오려는지는 아무도 알지 못한다. 열반의 도래와 식형성력과는 밀접한 관계가 있다. 식형성력의 완전한 소멸 없이는 열반은 불가능하다. 열반에 들기 위해서 우리가 할 수 있는 평정심을 가지고 일체의 식형성력을 소멸하여야 한다.

구태어 우리가 열반을 언어로 표현한다면 열반이란 집착, 혐오심, 그리고 무명 일체가 멸하면 그때의 마음의 경지를 열반이라 할 수 있다. 실은 비파사나 수행을 바르게 실행하면 점차 우리는 열반의 상태로 접근하게 된다. 다르마(法)를 정의에 의하면 수행의 결과는 어느 시기를 기다려 얻게 되는 것이 아니고 수행이 진행되면서 그 결과를 경험하게 된다.

우리는 수행을 통해서 열반을 발전시키는 것이 아니고, 열반은 거기에 있는 것이다. 오직 우리는 열반을 경험할 수 있도록 노력하면 된다. 그것은 평정심이다. 살아가면서 평정심을 가지고 세상을 관찰하면 수행자는 열반을 향해 한 발자국씩 다가간다. 가장 수승한 마음이란 어떤 부정적 반응도 보이지 않고 현실을 알아차림 하는 마음이다.

평정심을 지속하면 이 평정심을 따라 순수한 마음이 뒤따라 일어난다. 자비심, 선근으로 인해서 일어나는 마음, 반대급부를 기대하지 않는 마음, 중생의 고통에 연민을 보이고 함께 괴로움을 나누는 마음, 그리고 무엇보다 풍부한 4무량심이 일어난다.

결론적으로 비파사나 수행을 성공으로 이끄는 견인력은 절대적으로 사무량심(捨無量心) 즉 평정심이라 할 수 있다.

질의문답

1. 강한 집착심을 치유하는 방법은 신체의 고통을 치유하는 방법으로 가능한가?

강한 집착심은 오랫동안 억압되었던 감정이 지금에 와서 의식 밖으로 드러난 것이다. 이와 함께 강한 감각이 지각된다. 이때 그 감각을 느끼는 그대로 알아차리되 이에 대해 어떤 반응도 일으켜서는 아니 된다.

2. 그렇다면 억압된 집착심이 의식화 되면서 일어나는 감각을 알아차림 하려고 노력하여야 하는가?

어떤 감각이 일어나든 일어나는 감각 자체를 평정심을 가지고 관찰하면 된다. 명상수행자는 이 감각이 집착심과 연결된 것인지 알 수 있는 것이 아니다. 집착심과 감각을 연결지으려는 시도는 무모한 일이다. 수행자가 해야할 일은 오직 감각이 일어나면 모든 감각은 무상한 것이며, 일체의 감정도 무상한 것이라는 것을 자신에게 환기시킨다.

3. 감정과 감각은 동일한 것인가?

감정과 감각은 동전의 두 면과 같다. 감정은 심리현상이며 감각은 신체현상이다. 그러나 이 둘은 서로 관련되어 있다. 실은 일체의 감정은 마음에서 일어나는 모든 심리현상에 해당하며, 이때 이에 상관된 감각은 신체에서 일어난다. 이것이 자연현상이다.

4. 그러나 감정 자체는 마음이 현상이 아닌가?

물론 감정은 분명히 마음에서 일어나는 현상이다.

5. 그러나 마음은 또한 몸 전체가 아닌가?

마음은 몸 전체와 밀접하게 관련되어 있다.

6. 의식은 몸 전체를 구성하고 있는 원자 속에 들어있는가?

그렇다. 이 때문에 감정이 감각을 수반하는 경우 몸의 특정한 곳이 아니고 어느 곳에나 그 감각이 지각될 수 있다. 만약 수행자가 몸 전체를 살펴서 감각을 알아차리면 그 감정과 관련된 감각을 지각할 수 있다. 그러면 그 감정은 더 이상 몸 안에 남아 있지 않는다.

7. 수행자가 앉아 있으면서 아무런 감각도 지각하지 않으면 더 이상 수행을 할 필요가 있는가?

수행자가 앉아서 호흡을 관찰하면 마음은 적정에 들어 마음 집중이 일어나게 된다. 그러나 어떤 감각도 지각되지 않으면 무의식 깊은 곳은 침투할 수 없다. 마음의 심층에서는 계속해서 감각이 일어난다.

8. 매일 일과에 매달려 있으면 실은 앉아서 감각을 알아차림 할 기회가 많은 것은 아니다. 이런 경우에도 감각을 관찰 하여야 하는가?

물론이다. 눈을 뜨고도 감각을 관찰하는 것이 좋다. 감각은 신체 이외에 마음 속에서도 지각할 수 있기 때문이다.

9. 수행자가 열반의 경지를 경험하고 있다는 것을 어떻게 알 수 있는가?

제3자로서 수행자를 관찰하면 충분히 알 수 있다. 열반을 경험한 수행자는 성인처럼 편견없이 인간관계를 유지하며 순수한 마음을 가지고 살아간다. 보살 5계를 범하지 않으며 잘못을 감추려 하지 않고 잘못을 범하면 솔직하게 참회한다. 자신의 마음 경지에 관해 확신을 가지고 있고, 일체의 이상을 여읜다. 자신의 수행진전에 관해 자랑을 하거나 자만심을 보이지 않는다.

우리는 지금 부처님께서 깨달음을 얻은 4념처 위빠사나 수행에 관해서 살펴보고 있다. 4념처 위빠사나 수행은 정념처경에 잘 설명되어 있는데, ① 4념처 ② 위빠사나 외에도 사띠 즉 ③ 알아차림이 잘 조화된 수행을 통해서만이 도과수행은 성취된다.

① 아라한이 되면 모든 번뇌가 불타버려서 다시 태어나지 않고 윤회가 끝난다.
② 아나함이 되면 정거천에 태어나서 그곳에서 아라한이 되어 윤회가 끝난다. 천상에서는 행복만 있고 불행이 없어 수행을 하지 못한다. 오직 정거천에서만 아라한이 되는 수행을 할 수 있다. 정거천은 색계의 제4선천이 모두 정거천이다.
③ 사다함은 한 번 더 인간으로 태어나서 아라한이 되어 윤회가 끝나고,
④ 수다원은 일곱 생 이내에 아라한이 되어 윤회가 끝난다. 그러므로 천상에 있다가 인간으로 태어난 생명은 아라한이 아니다.

천상의 제석천왕이 붓다께 말씀하시기를 가장 부러운 것이 수다원이라고 했다. 수다원은 일곱 생 이내에 윤회가 끝나기 때문이다. 제석천왕은 수다원도 되지 못했기 때문에 천상의 수명이 다하면 다음 생에 어디에서 무엇으로 태어날지 알 수

없다. 그래서 미얀마에서는 꿀꿀거리는 돼지를 보고 "천상에 계시다가 이곳에 와서 고생하신다"고 말하기도 한다. 이런 이유 때문에 도과를 성취한 성자는 갈 곳을 아는 사람이라 불리며, 도과를 성취하지 못한 사람은 갈 곳을 모르는 사람이라고 불린다.

부처님께서는 알아차림을 확립하면 누구나 열반에 이를 수 있다고 하셨다. 처음에 열반을 성취하면 수다원이 되고 유신견, 회의적 의심, 계율(禁取見)이나 금지조항에 대한 집착(戒禁取見)이 사라진다고 했다. 그리고 이러한 번뇌가 소멸한 것이 깨달음이라고 말씀해주셨다.

누진통

밤의 마지막 수비 시간이 되자 싯달다 보살은 누진통을 통해 일체의 번뇌와 도덕적 장애가 마음으로부터 말끔히 비워졌다. 이어서 마음 속의 고통의 원인이 사라졌으며, 전생의 원인과 이생 그리고 다음 생의 원인이 무엇인가를 알게 되었다. 이러한 윤회의 원인인 집착이 모두 사라지면서 연기법을 먼저 유전문에서 다시 환멸문으로 여러번 반복하여 참구(觀)하였다.

싯달다 보살은 일체종지를 통해 득한 4성제와 인연생기법을 깨달으면서 아침 여명의 햇빛이 하늘을 뚫고 비쳐오는 시간에 깨달음을 얻어 훌륭한 붓다가 되셨다.

게송순례(偈頌巡禮)

〈바라문들의 찬불송(讚佛頌)〉

天上天下無如佛
十方世界亦無比
世間所有我盡見
一切無有如佛者

하늘 위에서나 하늘 아래선
부처님 같은 이 없네
시방세계에서도 비유할 자 없네
세간에 있는 것 모두 다 보아도
부처님 같은 이는 없네.

이런 부처님을 희망하는 인도사회에서는
자기 혼자 잘났다고 우쭐대는
부처님은 필요없게 되었다.

刹塵心念可數知
大海衆水可飮盡
虛空可量風可繫
無能盡說佛功德

세상 티끌 다 헤아려 알고
바닷물 다 마시는 재주 있고
허공을 헤아리고
바람을 묶는 재주 있어도
부처님의 공덕은 다 말 할수 없으리...

겉만 보고 깨닫는 것이 아니라
속속들이 의심을 파헤쳐주고
허공·바람·물·불 까지도
통째로 분석하고 풀어내는
부처님이 요구되었다.

이상 두 글귀는 인도사람들이 오랜 세월
기다려 오던 성자상이다.
베다·우파니샤드 종교와 사상을 통해
온갖 신(神)과 물(物)을 분석, 숭배하여
왔으나 아직까지 우주인생의 바른길을
똑바로 밝혀주신 성자를

만나보지 못하였기 때문이다.

이때 중인도 가비라국 정반왕의 아들
싯달태자가 룸비니동산에서 태어나
농경제(農耕祭)에 갔다가
약육강식(弱肉强食)의 모습을 보고
사문유관(四門遊觀) 후 발심출가,
6년 고행 후 도를 깨치니 그 이름이
부처님이었다.

〈대장부의 고민〉

삼계유여금정륜 (三界猶如汲井輪)
백천만겁역미진 (百千萬劫歷微塵)
차신불향금생도 (此身不向今生度)
갱대하생도차신 (更待何生度此身)

삼계가 마치 두레박과 같아
백천만겁을 돌면서도 끝날줄 모르네.
금생에 이 몸 제도하지 못하면
어느 생을 기다려 이 몸을 제도할꼬!

하늘을 아버지 삼고 땅으로 어머니 삼아
천만 가지 중생들이 꿈틀거리고, 날고 기니
큰 놈은 작은 것을 잡아먹고
나는 놈은 기는 놈을 잡아먹는다.

약육강식(弱肉强食) 생존경쟁(生存競爭)이
끊임없이 계속된다.
쟁기 밑에 상한 벌레들을 날새들이
주어먹는 것을 보고 그늘진 숲 자리 아래에서
눈물 흘리던 것이 엊그제 같은데
세상은 갈수록 포악해지고 백성들은

의지없이 눈물, 콧물 흘리고 있다.

저 중생들 내가 다 제도 못한다면
누구를 의지해 해탈할 것인가.
두레박 돌아갈 때 마다 온 간장이 다 녹는다.
이 몸 이대로 헛되게 쓸 수 없으니
내 반드시 저들을 제도하리라 맹세하며
밤잠을 이루지 못했다.

〈여래 십대 발원문 (如來十大發願文)〉

원아영리삼악도 (願我永離三惡道)

원아속단탐진치 (願我速斷貪瞋癡)

원아상문불법승 (願我常聞佛法僧)

원아근수계정혜 (願我勤修戒定慧)

원아항수제불학 (願我恒修諸佛學)

원아불퇴보리심 (願我不退菩提心)

원아결정생안양 (願我決定生安養)

원아속견아미타 (願我速見阿彌陀)

원아분신변진찰 (願我分身遍塵刹)

원아광도제중생 (願我廣度諸衆生)

저는 영원히 3악도를 여의겠습니다.

저는 속히 탐진치를 끊겠습니다.

저는 항상 불법승을 듣기 원합니다.

저는 부지런히 계정혜를 닦겠습니다.

저는 항상 모든 부처님을 상대하여 배우겠습니다

저는 절대 보리심에서 물러나지 않겠습니다.

저는 결정코 안양국을 실천하겠습니다.

저는 속히 아미타를 뵙겠습니다.

저는 수 많은 세계에 분신을 나타내겠습니다.

저는 널리 중생을 제도하겠습니다.

3악도는 지옥·아귀·축생의 세 악도이고
탐진치는 3악도를 만드는 재료로 탐욕·
성냄·어리석음이다.
이렇게 해서 보살이 된다면 시방세계 곳곳에
몸을 나투어 중생을 제도하게 된다.

그래서 일이 끝나기만 하면
네 가지 서원을 다시 발했다.

① 중생을 다 건지오리다.

　(衆生無邊誓願度)

② 번뇌를 다함없이 끊겠습니다.

　(煩惱無盡誓願斷)

③ 법문을 다 배우겠습니다.

　(法門無量誓願學)

④ 불도를 다 이루겠습니다.

　(佛道無上誓願成)

이 글은 과거7불로 부터 3세 시방불이
다 같이 원했던 발원문이다.

〈입산(入山)〉

세존당입설산중 (世尊當入雪山中)
일좌부지경육년 (一坐不知經六年)
인견명성운오도 (因見明星云悟道)
언전소식변삼천 (言詮消息遍三千)

세존께서 설산 속에 들어가
한번 앉아 6년을 지내다가
밝은 별을 보고 도를 깨달으니
말할 수 없는 소식이 3천 대천세계에
꼭 찼네.

이 글은 부처님께서 설산에 들어가
도 닦아 깨달음을 맹세한 글이다.

설산은 아세아 동북쪽에서 부터
서남으로 1만 8천리
그중에서도 부처님께서 고행하신 장소는
마가다국 영토인 가야산 일대이다.
가야산 건너 전정각산(前正覺山)이 있고
그 앞에 야마나강이 흘러가고 있다.

〈위대한 서원(誓願)〉

자종금신지불신 (自從今身至佛身)
견지금계불훼범 (堅持禁戒不毀犯)
유원제불작증명 (唯願諸佛作證明)
영사신명종불환 (寧捨身命終不還)

이 몸으로부터 부처가 될 때까지
굳게 금계를 지켜 범하지 않겠습니다.
원컨대 부처님들께서는 증명하여 주옵소서.
이 몸을 버려서라도 기필코 물러나지
않겠습니다.

과거 장엄겁천불(莊嚴劫千佛),
미래성수천불(未來星數劫千佛)이
나온다 하더라도
인연없으면 도루묵…
내 마음 변치 않고 중생제도 헛되이 하지
않겠다 맹세하오니 증명해 달라는 말이다.
나중에 이 대원은 구체적으로
4홍서원으로 변한다.

〈고행림(苦行林)〉

오밀조밀암벽산 (奧密彫密巖壁山)

조시운무정오염 (朝時雲霧正午炎)

일일양식일마맥 (一日糧食一麻麥)

여시육년착복배 (如是六年着腹背)

오밀조밀 암벽산

아침에는 안개 비, 정오에는 불볕 더위

하루종일 입속에는 삼씨 하나 보리 하나

이렇게 6년을 지내고 나니

배와 등이 딱 달라 붙었네.

〈고행림〉

〈부처님 고행상〉

〈육년고행(六年苦行)〉

제일음식고행 (第一飲食苦行)
제이의복고행 (第二衣服苦行)
제삼행좌고행 (第三行坐苦行)
제사마음고행 (第四意識苦行)

첫째는 음식으로 고행하고
둘째는 의복으로 고행하고
셋째는 행주좌와(行住坐臥)로 고행하고
넷째는 의식을 꼭 잡아매 고행하였다.

음식은 하루에 삼씨(麻) 하나, 보리씨(麥)
하나씩으로 연명하였다 하고,
의복은 한번 입었던 옷이 다 헤어질 경계에
이르도록 바꾸어 입지 아니 하였다.
행좌고행은 한번 앉아 있던 자리는
이리저리 바꾸지 않고 알맞게 보행하고
앉아만 있어 눕지 않고 자지 않았다.

그리고 마음 속에서 일어나는
온갖 생각을 정지(停止)하여
무념무상(無念無想)의 경계에 이르렀다.

그러나 도가 거기서 이루어진 것이
아니었으므로 장차 고행을 정지하고
니연선하에 가 목욕하고 새마음, 새정신으로
구도의 길을 바꾸기로 하였던 것이다.

사실 인도사람들은 고행을 할 때
먼저 요가자세(가부좌)로 앉아
머리부터 좌골까지 바로 세우고
들숨 날숨을 조절하여
하나는 심호흡으로 심장을 평정하고,
둘째는 배호흡(丹田腹氣)로써
몸과 마음을 안정한다.

그리고 초선·2선·3선·4선을 닦아
욕계·색계·무색계에 태어난다.
그러나 부처님은 생사의 뿌리를 캐고
중생의 고통을 없애는데 목적이 있었으므로
생천선(生天禪)이나 평안선(平安禪)은
생각지 않고 오직 생사일념(生死一念),
딴 생각이 없이 앉아
정신을 통일하였던 것이다.

〈니련선하욕(泥蓮禪河浴)〉

고행비가도 (苦行非可道)

육년진구욕 (六年塵垢浴)

신진재수도 (新進再修道)

해탈자재신 (解脫自在身)

고행은 도가 아니다

6년의 진구를 씻고

새롭게 나아가 다시 도를 닦아

해탈 자재신을 얻으리라.

여기에 두 가지 전설이 있다.

한 전설은 바로 니련선하에 내려가 목욕하다가

물살에 떠내려가다가 나무뿌리를 잡고

간신히 올라와 몸을 씻고 옷을 세탁해

말려 입고 있을 때 고목 나무 산신께

기도 가던 여인이 산신으로 착각하고

유미죽을 올려 맛있게 잡숫는 것을 보고,

"몸이 너무 쇠약하시니 회복이 될 때까지

석달동안 (혹은 보름동안) 공양을 올리겠으니

받아 주십시오." 하고 청하니

승낙하여 3개월 동안 공양하게 되었다

하고, 〈장아함경〉

또 다른 불전에는 산에서 내려오시다가
작은 도랑을 건너다 쓰러져 있는 것을
가비라국 청년 행상이 지나가다 발견하고
싯달다태자임을 확인하고, 저 마을에 가서
생우유를 조금 얻어 목을 축이면 살 것 같다
하여 올라갔다.
마침 한 강변집 두 딸이 우유를 짜고 있어
이야기 하니, "저희들이 우유를 가지고 가서
공양하겠습니다" 하고는 먼저 우유를 순갈로
떠 입에 넣었으나 목구멍이 말라 넘어가지
않으므로 "너무 오랫동안 음식을 먹지 않아
넘어가지 않으니 손에 우유를 묻혀 피부에
발라주라 하여 18일 동안 피부 맛사지를
하였다 하고, 한편 언니는 꼬여있는 다리와
어깨를 맛사지 하여 걷도록 하였으므로
니련선하로 내려가게 되었다 하였다.

지체불구자를 도운 이 두 여인의 소행은
그후 타일랜드(태국) 방콕에 전해져 병든
스님들을 간호하고 치료하게 된 것이 후에
'태국맛사지'의 효시가 되었다 하였다. 〈잡아함경〉

부처님은 여기서 여인들의 시중을 받고
음식을 얻어 먹었으므로 "싯달다는 타락하였다"
하고 정반왕께서 보낸 다섯 비구는
베나레스로 떠나갔다고 한다.

〈좌선송(坐禪頌)〉

산당정야좌무언 (山堂靜夜坐無言)
적적요요본자연 (寂寂寥寥本自然)
하사서풍동림야 (何事西風動林野)
일성한안여장천 (一聲寒雁唳長天)

절집 고요한 밤에 말없이 앉아 있으니
적적 요요 본자연 그대로다.
무슨 일로 서쪽 바람에 임야가 흔들리는가
기러기 한 소리에 장천이 울리는데!

절집은 본래 고요한데 고요한 밤까지 닥치고
거기 말 한 마디 없으면 적적요요하여
본자연 그대로이다.

여기 무슨 요가, 위빠사나가 있고
화두선(話頭禪) 묵조선(默照禪)이 있겠는가
말없이 고요하면 그 자리가 묵조선이요
떠드는 소리로 옳고 그름 따지면
곳곳에서 화두선이 나타난다.

봄, 여름, 가을, 겨울을 논하지 않아도

봄이 되면 기러기 북쪽으로 날고
제비 남쪽에서 온다.

형편따라 모습도 달라지고
지역 따라 행동 또한 다르지만
사람은 모두 하나 남녀 노소 구분없다.
배 고프면 밥먹고 졸리면 자고 할 일 없으면 놀이
한다.
산새는 쩩쩩, 까마귀는 까욱까욱…

말들은 방울 흔들면서
숨 가쁘게 달리고
벌들은 꽃 속에서
꿀 따느라 바쁜데

무슨 수행자가
서쪽(인도) 바람에
마음 뺏길 일 있겠는가!

〈이변(離邊)〉

구담사문사고행 (瞿曇沙門捨苦行)
니연선하세진구 (尼連禪河洗塵垢)
수자타공유미죽 (須闍多供乳米粥)
필바라수길상좌 (畢波羅樹吉祥座)

구담사문이 고행을 버리고
니연선하에서 6년 진구를 씻고
수자타의 유미죽 공양을 받은 후
필발라수 길상좌에 앉으셨다.

구담은 석가족의 별명이다. 좋은 땅(地最勝)에서
검정소(暗牛種)를 부리며 소똥을 연료로 하여
좋은 일을 하는 사람(滅惡種) 석가족의 조상
사라드바트 선인이 옛날 그렇게 살았기 때문에
석가모니 부처님의 별명을 교답마(喬答摩)라고
하였던 것이다.

사문(沙門)은 고행하는 스님의 대명사
니연선하는 3가섭이 살던 곳의 강 이름
진구(塵垢)는 6년 동안 씻지도 않고 닦지도 않아
몸에 끼인 때를 말한다.

수자타는 니연선하 부근에서 소를 기르며
소젖을 짜 살아가던 처녀로서, 성도 후에는
부처님을 따라 다니다가 부처님 보다 보름전에
선종(善終) 하였다.
유미죽은 쌀죽인데, 죽에 꿀을 섞어 만든
최고급 영양죽이다.

길상좌는 길상이라는 나무꾼이 부처님께서
앉을 자리에 풀을 베어 바위 위에 올려
놓았으므로 길상좌 혹은 금강보좌라 부른다.
필발라수는 무성한 나무인데, 부처님이 그 밑에
앉아 도를 깨달았으므로 뒤에 보리수(菩提樹)라
불렀다.

이 글은 부처님께서 6년 고행 후 니란자야 강변에
이르러 목욕하고, 수자타의 유미죽 공양을 받고,
목동 길상이 베어 깔아준 자리에 앉아,
필발라수 밑에서 마지막 고행하신 것을 상징적으로
노래부른 것이다.

〈항마(降魔)〉

잡념망상탐욕군 (雜念妄想貪慾軍)
기한갈애수면군 (飢寒渴愛睡眠軍)
신심청정무가애 (身心淸淨無罣碍)
삼명육통자재심 (三明六通自在心)

잡념 망상을 탐욕의 군대처럼 몰아내
춥고 배 고프고 목마른 데다가 잠까지 몰려왔는데
몸과 마음이 맑고 깨끗해 자유를 얻으니
몸과 마음에 신통력이 생겼다.

3명은 숙명통(宿命通)·천안통(天眼通)·
누진통(漏盡通)이다.
숙명통은 전생의 일을 환하게 아는 것이고,
천안통은 죽고 사는 것을 훤하게 아는 것이며,
누진통은 이 세상의 고통을 훤히 알아 깨닫는 것이다.
천이통(天耳通)과 타심통(他心通), 신족통(神足通)을
더하면 6신통이 된다.

그래서 부처가 되면 몸과 마음에 걸림이
없기 때문에 자재하게 되는 것이다.
때는 납월(12월) 8일 동천에 샛별이 떠오르는 때였다.

세상사람들은 이것을 아뇩다라삼먁삼보리
(阿耨多羅三藐三菩提)라 한다.

아뇩다라(無上)는 그 이상 위가 없는,
삼먁은 정등(正等)으로 바르고 평등하다는 뜻이며,
삼보리는 정각(正覺)으로 바르게 깨달았다는 뜻이다.

싯달태자가 처음 탄생하였을 때 한 손은 하늘을
가리키고, 한 손은 땅을 가리키며
천상천하유아독존(天上天下唯我獨尊)이라 한 말이
바로 여기에서 증명되었다.
이것이 성불이요, 싯달태자가 무상정등각(無上正等覺)을
얻은 내력이다.

〈부처님의 깨달음〉

成道 頌 眞空妙有
(不生不滅·不垢不淨·不增不減)

1. 부처님은 生老病死를 해결하기 위하여 29세에 출가하셨
   으며,

2. 설산에서 6년을 고행하시고 단지 고행으론 깨달을 수 없
   음을 아시고는 中道로 수행정진 하시어,

3. 부다가야의 보리수 밑에 이르러 35세에 새벽녘 밝은 별을
   보시고 깨달음을 이루셨다.

4. 모든 불교성전에는 '見明星云吾道'라 하여 새벽녘의 밝은 별을 보고 涅槃寂靜의 도를 깨달았다고 되어 있으나 涅槃寂靜은 깨달은 이가 지혜로써 설한 법문일 뿐 최초의 悟道頌은 아니다.

5. 교진여가 "싯달타시여! 무엇을 깨달으셨기에 모습이 이리도 빛나는 것입니까?"라고 여쭙자 부처님께선 왼손으로 가만히 虛空(眞空)을 가리키셨다. 그러자 교진여가 眞空妙有라 일컬으며 不生不滅・不垢不淨・不增不滅이라 말씀을 드리니 부처님께서 인가하셨다. 이에 미처 깨닫지 못한 나머지 4비구에게 다시 緣起法을 설하셨으나, 그럼에도 알아듣지 못하기에 三法印인 諸行無常・諸法無我・涅槃寂靜을 설하셨다. 이것이 녹야원에서 5비구에게 설하신 최초의 설법이다.

6. 바로 이것이 최초로 설하신 眞空妙有이며 緣起法이니, 지금의 과학적인 표현으로 이르자면 宇宙一光이다.

7. 모든 경전에 '涅槃常樂我淨'으로 되어 있으나, 이 게송은 부처님이나 아난존자의 게송이 아니고 인도 부파불교 가운데 법상종에서 편집한 것일 뿐이다.

8. 불자로서 해야 할 일
   眞空妙有는 空性이며 佛性이다.

佛性은 삼라만상이 다 있으나 붓다는 아니다. 붓다는 佛行佛을 하는 자만 붓다이지 慈悲利他行을 하지 않는 자는 중생이다.

불자는 물과 같이 평생을 남을 위하여 베풀어도 무엇을 요구하지도 않고 늘 베풀기만 하니 바로 물과 같이 하는 자만이 부처가 될 수 있다.
너도 부처, 나도 부처, 모두가 부처라고 하면 잘못된 것 같다. 우리 중생은 늘 고달프고 힘들지만 남을 미워하지 않으면 몸 안의 에너지가 항상 좋은 에너지로 변하여 건강은 물론 모든 일이 순조롭게 이루어진다. 이것이 佛行佛이며 불자가 꼭 해야 할 일이다.

나는 스님으로서 평생 물과 같이 살려고 노력하며 남을 미워하지도 않았으니 현재 내 나이 90세에 동국대 병원에서 종합검진 결과 아무런 병이 없다고 한다.
다 같이 노력할 것을 기원합시다.

(의문이 있으면 奉先寺 開眼睡眠堂(031-527-1959)으로 문의 주세요.)

〈여래십호(如來十號)〉

여래응공정변지 (如來應供正徧知)
명행족선서세간해 (明行足善逝世間解)
무상사조어장부 (無上師調御丈夫)
천인사불세존 (天人師佛世尊)

여래 응공 정변지
명행족 선서 세간해
무상사 조어장부
천인사 불 세존

여래는 참되고 한결같은 마음으로부터
오신 분이라는 뜻이고,
응공은 마땅히 공양을 받을 만한 자격이
있는 분이라는 뜻이며,
정변지는 두루 두루 모르는 바 없이
다 아는 분이다 라는 뜻이며,
명행족은 밝은 행이 만족스럽다는 뜻이고
선서는 잘 오셨다가 가신다는 뜻이고,
세간해는 세간의 모든 일들을 잘 아신다는 뜻이고,
무상사는 그 이상 스승이 없는 이,
천인사는 인간과 천인들의 스승이라는 뜻이고,

불은 완전히 깨달아 각행(覺行)이
원만하다는 뜻이다.

그래서 부처님은 이 세상에서
가장 존귀하신 제일 높으신 분이다는 뜻이다.

어찌 존경하고 사랑하지 않겠는가!

〈사과성물(四果聖物)〉

금강보좌십지과 (金剛寶座十地果)
필발라수보리과 (畢鉢羅樹菩提果)
대비궁전설법처 (大悲宮殿說法處)
사사자좌신행과 (四獅子座信行果)

금강보좌는 10지과이고,
필발라수는 보리과이며,
대비궁전은 설법처이고,
4사자는 신행과(信行果)이다.

10지는 보시, 지계, 인욕, 정진, 선정,
지혜, 방편, 원, 력(力), 지(後得智) 등이다.

금강잎, 유리줄기, 7보영락 가지 되고
무성한 잎 뭉게구름, 각종 색화(色花) 그림자다.
마니구슬 주렁주렁 갖가지 보살 새 소리
요란하여 고저장단이 명랑하였다.

관음 세지 각각 모신 전각들이
가로세로 줄 지어서 화심회상 보기 좋네.
신(信) 주(住) 행(行) 향(向) 법문소리

등각(等覺) 묘각(妙覺) 이루어져
여기저기 폭죽소리 천상 인간 놀이터일세.

〈칠처징심(七處徵心)〉

오안청정보리과 (五眼淸淨菩提果)
대소목동휴계소 (大小牧童休憩所)
대범제석청법처 (大梵帝釋請法處)
이상공양축복처 (二商供養祝福處)

오안은 청정 보리과요
대소목동 휴게소와
대범 제석이 법을 청한 곳
두 상인이 공양한 곳에서는
미얀마 황금대탑이 만들어졌다.

육안, 천안, 혜안, 법안, 불안이 청정하여
보는 것마다 해탈을 얻고
대소 목동들의 휴식처에서 5색광명을 놓아
세계불교기(世界佛敎旗)의 시초가 되었다.

대범 제석이 청법한 곳은 정각탑 문전이고
미얀마 상인들의 공양처는 정각탑의 뒤뜰이다.
이들은 각기 밀개떡 4개와
미숫가루 한 그릇씩을 공양,
"그대들에게 밝은 빛이 있으라" 축복을 받고,

동생 발리카는 머리카락 여덟 개를 받아
미얀마에 세계 제일가는 쉐다곤을 만들게 되었다.

이튿날 호수가에 이르니 동굴 속에 모기와 등애가
가득 차 있었다. 그래서 나무 밑에 앉아
좌정하니 코부라가 우산이 되어
비바람을 막아 주었다.

비가 그쳐 쾌청하니
동자뱀이 청법하여 7락법문을 일러주었다.

"고요한 곳에 멀리 와 있는 것 즐거운 것이고,
법을 듣고 보는 것 즐거운 것이고,
세간에 이끌리지 않는 것 즐거운 것이고.
중생을 사랑하는 것 즐거운 것이고,
세간의 욕심을 여읜 것 즐거운 것이고,
똑같이 진에를 버리는 것 즐거운 것이고,
능히 아만을 조복받는 것 즐거운 것이다.

이것이 성도 후 축생을 향해 베푸신
칠락법문(七樂法門)이다.
용은 법문을 듣고 그의 권속들에게
부처님과 법보를 모신 성전들과

스님들이 거처하는 장소에는
가까이 눈에 뜨이지 않게 하여
모든 악한 벌레들과 험한 짐승들이
3보의 도량을 침범치 못하게 하였다.
맹세하여 천룡팔부(天龍八部)와
같이 호법선신이 된 것이다.

〈수연부감(隨緣赴感)〉

① 삼승법문(三乘法門)

여시법락칠주후 (如是法樂七週後)
이천권청설법원 (二天勸請說法願)
삼승사유차별법 (三乘思惟差別法)
개방불사감로문 (開放不死甘露門)

이렇게 7주 동안 법락을 누리신 후
두 천인이 설법해 주기를 권청한 것을
3승의 차별법으로 생각하여
불사의 감로문을 열기로 하였다.

두 천인은 범천과 제석천이다.
이들은 현 정각탑 정문 옆에
범천 제석천을 모시고
생천의 기도를 열심히 하고 있던 분들이다.
중생의 근기는 천자만별하여도
법문을 듣고 생로병사를 깨닫고(聲聞)
모든 인연을 깨달아(緣覺)
보살행을 할 수 있는 사람(菩薩)이
있다는 것을 깨달은 뒤
죽음이 없는 감로의 문을 열기로 하였다.

최초법문하여인 (最初法門何與人)

출가동행오비구 (出家同行五比丘)

현재녹야수행처 (現在鹿野修行處)

선서가란울타선 (先逝迦蘭鬱陁仙)

누구를 먼저 제도할 것인가 생각해보니

출가 후 먼저 욕계, 색계, 무색계천에

태어나는 방법을 가르쳐 주신

산자야 가란과 울타선은 이미 돌아가셨고

현재 동행했던 5비구가 녹야원에 가 있었다.

붓다사유오비구 (佛多思惟五比丘)

가비라국바라문 (伽毘羅國婆羅門)

교진아사마하남 (矯陳阿沙摩訶喃)

발제리가바사파 (跋提利迦婆沙婆)

부처님께서 다섯 비구를 생각해 보니

가비라국 바라문 교진여를 중심으로

아사비사 마하남

발제리가바사파였다.

② 고행자 우바카(優婆迦)

출발이리정도경 (出發二里程途境)

우연고행우바카 (偶然苦行優婆迦)

불광조요문하사 (佛光照耀問何師)

승자지자하사유 (勝者智者何師有)

출발 2리쯤 가서

우연히 고행자 우파카를 만나니

당신 얼굴에서 밝은 빛이 쏟아지는데

누구를 의지하여 공부했습니까? 물었다.

"나는 승자요, 지자다. 무슨 스승이 있겠는가?"

우바카는 들은 척도 하지 않고 오던 길로 바로 갔다.

산 넘어 사냥꾼 마을에 한 처녀가 집을 지키고 있어

공양청을 하니 조촐한 음식을 한 상 차려 주었다.

먹고나서 물었다.

"내가 당신과 부부가 되고 싶은데 허락해 주겠는가?"

"우리 마을은 사냥꾼 마을이라 부모님의 승낙이

없이는 살 수 없습니다."

그래서 기다렸다 저녁에 아버지 되는 사람에게 말하니,

"우리 식구들은 막벌이 삶을 살므로 무슨 일이든

한 가지씩 담당해 일을 해야한다."

"그럼 고기 가죽을 벗기는 일을 하겠습니다."
하여 결혼하여 아들을 하나 낳아 아들 몫까지 일을
해야 해서 여러 촌락으로 다니면서
고기를 팔아 오라 하였다.

그래서 이 동네 저 동네 돌아다니며 고기를 팔다보니
온 몸이 피투성이가 되었다.
집에 돌아오니 아이를 달래는 부인이 노래 불렀다.
"자장 자장 우리아기 말도 없이 잘도 잔다.
너의 아버지는 바라문 출신, 집을 떠나 고행하다
어머니 보고 사랑에 빠져 부끄러운 줄 모르고 장사한다.
사랑하는 우리아기, 아버지 닮지말고 큰 사람 되라."

그렇지 않아도 눈물이 글썽글썽 해가지고 집에 돌아온
남편이 기가 막혀 큰 소리로 울음을 터트렸다.
"어찌했으면 좋겠소, 아기 엄마…"
"내가 듣기로는 당신이 길거리에서 만난 그 사람이
참으로 훌륭한 선지식 같은데, 지금도 거기 가면
늦지 않은 것 같습니다. 나도 아기 길러 아버지께
맡기고 출가하겠습니다."
하여 그 후 3년 있다가 출가하여 불제자가 되니
20대 제자 가운데 한 사람이 되었다.

③ 도강송(渡江頌)

석양항하일범선 (夕陽恒河一汎船)
모자승객도강선 (母子乘客渡江船)
무임승선불가능 (無賃乘船不可能)
보보수상항하강 (步步水上恒河江)

저녁노을 한 범선이
모자를 태우고 강을 건너는데
무임승선 불가능하여
천천히 물위를 걸어 항하강을 건넜다.

사공이 놀라 임금님께 아뢰오니
"아, 싯달다가 도를 깨쳤구나!"
하고,
"다음부터서는 누가 되었던지 수행자에게는
뱃삯을 받지 말고 무료로 태워다 드려라."
하여 그때부터 인도에서는 배나 차, 비행기, 기차도
출가수행자들에게는 삯을 받지 않고
실어다 주게 되었다.

④ 오비구상봉(五比丘相逢)

강변노숙일야후 (江邊露宿一夜後)
녹야향보공원행 (鹿野向步公園行)
전신광명반사경 (全身光明返射鏡)
교진경어문실달 (矯陳警語問悉達)

강변에서 하룻 저녁을 노숙하고
녹야원을 향해 걸어가니
전신에서 광명이 쏟아져 훤히 비침으로
교진여가 놀라 물었다.
"싯달다여, 너는 무엇을 먹었기에
몸에서 그리 빛이 나는가?"

싯달다가 하늘을 가리키며,
"비구들이여, 나를 부르되, '싯달다여', '석가여'
하고 부르지 말라."
"그러면 무엇이라 불러야 하느냐?"
"깨달은 사람 붓다라 불러라."

그리하여 그날로부터 부처님 호명이 '붓다' 가 되었다.
교진여는 그날 하늘을 가리키는 부처님의 손가락을 보고,
"아, 빈 마음을 깨달았구나."

하고 진실로 스승으로 받들어 모셨다.

이것이 부처님을 '부처님'이라 부르게 된 시초이다.

교진여는 기원 전 6세기경 인도 북부 비하르지방에서
태어난 사람이다. 석가족 왕궁에서는 예언자로서
널리 알려진 사람이다.
싯달다가 태어났을 때 "태자는 반드시 출가하여
도를 깨칠 사람이다. 만일 태자가 출가하면
나도 출가하여 그의 제자가 되겠다" 맹세하였다.
그의 조카 부루나 미다라나니자도 출가하여
설법제일 제자가 되었다.

교진여는 불교교단에서 최초로 아라한과를 증득한
사람이다. 사리불, 목건련이 상수제자가 되어 교단을
이끌 때에는 히말리야산으로 은거했다가 부처님을
마지막 뵙고 난 후 입적하였기 때문에
부처님께서 명령하여 죽림정사에 탑을 세웠다.

교진여와 함께 부처님을 옹호하던 빗디야, 바파,
마하나마 그리고 사리불을 부처님께 소개한 앗사지가
있는데, 교진여가 처음 부처님을 뵙고 예류향(법의
흐름에 들어간 예비도인)에서 3계의 견도(見道)를 끊고

무아경(無我境)에 이르니 부처님께서는
"아냐씨 건따보" 즉 빨리어로 '완전한 사람' 이라
칭찬하였다.

그후 5일 있다가 교진여는 완전히 무아경(無我境)에
들자 그에게 "비구여, 이리 오너라" 하여 비구가 되었다.
그래서 사위성 기수급 고독원에서
교진여를 불교교단의 최초 비구로 선언하였다.
교진여가 부처님을 모시고 오자
두 수행자(바디야와 바파) 가운데 한 사람은
물을 떠다 부처님 발을 씻겨드리고,
다른 한 사람은 땅을 골라 앉을 자리를 마련한 후
오늘날 국립 사르나스 박물관 근처 숲에서
다 같이 공양을 하고 간단한 문답을 하였는데,
바디야는 흘러가는 세월을 인식하고
제행무상(諸行無常)을 깨닫고,
바파는 제법의 실상을 깨달아
제법무아(諸法無我)를 깨닫자,
부처님은 "이 무상과 무아를 통철(通徹)한 사람은
생사를 뛰어나 열반적정(涅槃寂靜)을 얻는다" 하였다.
이것을 일반 교학에서는 삼법인(三法印)이라 부른다.

또한 마하나마는 8정도를 듣고 깨달아 도를 얻었으며

그들 모두가 산 중턱에서 고·집·멸·도 4제법문을
듣고 확실하게 깨달았다 한다.

교진여가 처음 부처님이 허공을 가르친 것을 보고
모든 법의 공도리(空道理)를 깨달아 그 뒤
고집멸도(苦集滅道), 사제(四諦) 법문을 할 때는
쉽게 알아들었다 한다.

이 같은 이야기는 유럽에서 편찬된 불교사전에서
발췌한 내용인데, 특히 스리랑카 법왕께서
가르쳐주신 법문이다.

초전법륜을 듣는 다섯 비구

스리랑카 종정스님과 함께. 세 번째 인도에 가서 스리랑카 승왕과 함께 법회를 보고 상좌·대중부간의 분열과 다르마팔라와 암베드카의 호법운동에 관한 말씀을 듣고 크게 감동한 활안스님

〈열반송(涅槃頌)〉

제행무상 (諸行無常)
제법무아 (諸法無我)
열반적정 (涅槃寂靜)

모든 것은 시간따라 변해간다.
모든 법은 공간 속에 내가 없다.
이것이 열반이고 적정이다.

〈아함경〉

이 말씀은 5비구에게 설해진 법문이다.
그런데 이 글이 반야경에 나가면

불생불멸 (不生不滅)
불구부정 (不垢不淨)
부증불감 (不增不減)

생하지도 않고 멸하지도 않으며
더럽혀지지도 않고 깨끗해지지도 않으며
불어나지도 않고 줄어들지도 않는다.

〈반야심경〉

이것은 제법의 공상(空相)에 부처서
설법한 것이다. 열반은 체(體)로 보든지
상(相)으로 보든지 열반하는 놈이
따로 없다는 것이다.

열반은 모양이 없으므로 영원한 것이고
모양이 없으므로 온갖 모양을 만들어내고
크게 되든지 작게 되든지
관계가 없다는 것이다.
그래서 그 모습이 허공과 같다는 것이다.
그리고 그 이름을 반열반(般涅槃)이라 불렀다.

그래서 열반경에

제행무상 (諸行無常)
시생멸법 (是生滅法)
생멸멸이 (生滅滅已)
적멸위락 (寂滅爲樂)

모든 것은 변해간다.
이것이 생멸법이다.
그 생멸법이 다 없어지면
적멸로써 락을 삼는다.

말하자면 긍정 속에 부정, 부정 속에 다시 긍정
세 번째는 긍정도 부정도 없는 대긍정이다.

그래서 규봉스님은 유교와 불교를 비교하여

원형이정 (元亨利貞)은
건지덕(乾之德) 이요
상락아정(常樂我淨)은
불지덕(佛之德)이라 한 것이다.

그래서 반야심경에

보살은 반야바라밀다를 의지하여
마음을 머물기 때문에
걸림이 없고
걸림이 없으므로 두려움이 없고
뒤바뀐 생각을 뛰어넘어
마침내 열반에 이른다 한 것이다.

마치 이것은 하나의 씨앗이 흙 속에 들어가
또 다른 씨앗으로 발아하여
중중무진(重重無盡)하게 퍼져나가는 것을
보아도 알 수 있다.

그러므로 제행무상은 제법무아를 통해서
오히려 새롭게 열반을 형성하는 것이다.
모든 것이 없어진 것을 열반이라 착각할
염려가 있는데 이미 그런 줄 알았으면
무상 속에서도 영원히
고통 속에서도 즐겁게
부자유 속에서도 자유롭게
더러움 속에서도 깨끗하게
살아가면 될 것이다.

이것이 대승에서

유여열반 (有餘涅槃)과
무여열반 (無餘涅槃)이다.

〈법신송(法身頌)〉

원각산중생일수 (圓覺山中生一樹)
개화천지미분전 (開花天地未分前)
비청비백역비흑 (非靑非白亦非黑)
부재춘풍부재천 (不在春風不在天)

원각산 중에 한 나무가 있는데
천지의 꽃이 피기 전부터 있었다.
푸르지도 않고 희지도 않고 검지도 않다.
거기에는 아직 봄바람도 하늘도 없었다.

누가 이 세상을 하느님이 만들었다 하였는가
어느 쪽에서는 여호아, 어느 쪽에서는 알라,
그 이름 때문에 죽고, 죽이고…
온통 피투성이가 되고 있는데…

천지가 나누어지기 이전에는
남자도 없고 여자도 없었다.
개울물 흐르다 보니 곳곳에 웅덩이가 생기고
천 가지 만 가지 고개가 생겨
제멋대로 날뛰고 있다.

끼리끼리 룰을 정해놓고
동리별로 법도를 만들다 보니
김씨, 이씨, 박씨 등 촌이 생겼다.
혼자씩 살다보면 친구가 줄어
나라가 망하게 생겼다.
가정도 대가 끊어지게 되어 있는데
어찌 할 것인가!

원각산은 언제 생겼고
한 나무는 누구인가?

이것을 깨닫는 사람이
화두(話頭)를 깨쳐
자기 본래의 주인공을
알게 되리라.

청황적백을 논하지 말고
하늘 땅을 가리는 놈이
누군가를 깨달으라.

〈포교송(布敎頌)〉

천척사륜직하수 (千尺絲輪直下垂)

일파재동만파수 (一波纔動萬波隨)

야정수한어불식 (夜靜水寒魚不食)

만선공재월명귀 (滿船空載月明歸)

천 자 낚시줄을 똑바로 내 던지니

한 파도가 겨우 일자 만 파도가 따라나네

고요한 밤 찬물 속에 고기가 물지 않으니

빈 배에 밝은 달만 가득 싣고 돌아왔네

앞의 하산송에서도 밝힌 바 있지만

백 가지 맛있는 음식을 낚시밥으로 만들어

던진다 하더라도 눈멀고 배고픈 놈만

달려들지 진짜 배부른 놈은

손잡고 빌어도 달려들지 않는다.

이와 같이 불교도 티베트와 남인도에 이르러

갖가지 방법으로 포교하였어도

남북인도와 동북아세아에 이르러서

사뭇 달라졌으니...

중국 대만에 이르러서는 비구, 비구니가
엄격히 달리 계율을 지키고 살지만
몽골, 티베트, 일본 등에 이르면
남녀가 섞여 가정생활을 하고 있다.

청 · 황 · 적 · 백을 논하지 말라
살다 보면 흰놈이 검어지고
검은 놈이 희여진다.

불법은 한마음, 하나인 줄만 알면
동 · 서 · 남 · 북에 걸릴 것 없다.
힘 따라 살다 보면
봄바람 가을하늘이 나타난다.

〈5비구의 8정도행(八正中道行)〉

비구승석녹야원 (比丘僧席鹿野園)
원형정좌불망행 (圓型正座不妄行)
정견정사정각행 (正見正思正覺行)
괴멸천지일월광 (壞滅天地日月光)

다섯 비구가 녹야원 정상에
원형으로 둘러앉아 거짓말을
절대로 하지 않는다.
바로 보고, 바로 생각하고,
해와 달이 부서져도 변치 않는다.

친구들이여, 그대들은 잘 알고 있지만
수행자에겐 반드시 피해야 할 두 길이 있다.
하나는 향락적 쾌락주의이고
다른 하나는 고행적 염세주의이다.
사람들은 이 길이 진짜 수행자의 길로 착각하고
있으나 이 길이야 말로 마땅히 버려야 할 길이다.

아직 생기지 않는 것은 생기지 않도록 하고
이미 생긴 악은 영원히 끊어버리고
이미 생긴 선은 날로 키워나가고

아직 생기지 않는 선은 새로이 생기도록 한다.

바라문들은 고행단식하고,
차르파카들은 쾌락주의에 빠진다.
가난한 사람은 고난에서 벗어나기가 어렵고
부유하면 욕락에서 헤어나기 어렵다.
그러므로 수행자는
고.집.멸.도(苦.集.滅.道) 4제로써
벗어나야 한다.

고(苦)는 마땅히 버려야 할 것이고
집(集)은 마땅히 끊어야 할 것이고
멸(滅)은 마땅히 없애야 할 것이고
도(道)는 마땅히 닦아야 할 것이다.

〈전법륜경〉

〈야사의 출가와 그의 친구들〉

구리가장자야사 (俱利迦長子耶舍)

차일효항하강변 (次日曉恒河江邊)

여일성자우불타 (如日聖者遇佛陀)

구명귀가고우출 (救命歸家故友出)

구리가 장자의 아들 야사는

다음날 아침 항하강변에 이르러

태양과 같은 성자 붓다를 만나

목숨을 구하고 집에 돌아가

옛 친구들과 함께 출가하였다.

부처님은 이튿날 새벽 항하강변에 앉았다가

"아이 무서워 빠지면 죽는데…"

하고 울음 반으로 중얼거리며 뛰어오는

구리가장자의 아들을 보고

"이리 오너라, 여기는 무섭지 않다."

하니 간신히 강을 건너온 아들이 고백하였다.

"저는 이 강가에 사는 구리가 장자의 아들 야사로

7대 독자인데, 일곱 살에 결혼시켜 지금 부인이

스물셋이나 됩니다.

누구에게서든지 아들을 낳으면

큰며느리를 삼겠다 하여
저녁마다 그 올가미에서 벗어나지 못해

어제 저녁도 나무 위에 올라가 기다리다가
사람들이 흩어진 뒤 강변으로 몰래 빠져나와
죽으려 뛰어갔습니다. 다행히 성자를 만나
죽음은 면하게 되었으나
집에 들어가고 싶지 않습니다."
"아버지께서 승낙해 주면 출가시켜 주마,
걱정하지 말라."

때 마침 아버지가 큰소리로 야사를 부르며
뛰어왔습니다.
"저 영감님이 여기까지 찾아와 나를 또 감옥으로
데리고 가려 합니다."
"아버지!"
하고 소리 지르니 아버지는 옷도 벗지 않고
강을 건너와
부처님께 예배하였다.
"살려주서서 고맙습니다."
"아들을 낳아주면 죽지 않게 하리라."
"죽지만 않게 하면 살려 줄게요."
"그럼 오늘 점심에 나의 도반 다섯 사람과 함께

공양하도록 준비하라.”
“예. 야사의 친구 50명도 함께 공양하도록 하겠습니다.”
아버지는 먼저 다섯 비구에게 알리고 집 마당에
멍석을 깔고 공양준비를 하였다.

야사는 친구 50인과 함께 마당 한곁에 자리를 하고
앉아 친구들에게 말했다.
“이분들은 나의 스승이시며, 생명의 은인이시다.
내가 간지스강가에서 물에 빠져
죽게된 것을 구해주신
분이니 내 소리를 따라 하라.
거룩한 부처님께 귀의합니다.
거룩한 가르침에 귀의합니다.
거룩한 스님들께 귀의합니다.”
하고는 삼배하고 아버지, 어머니, 선남선녀들도
다 같이 예배를 드렸다.

“야사가 출가하면 저희들도 따라서 출가하겠습니다.”
야사의 친구 비살라(無垢), 수바이후(善臂),
푼니타(滿足), 가밤파티(牛王) 등도 따라서 출가하니
부처님의 제자는 일시에 55명이 되었다.

부처님은 공양 후 55명의 비구(比丘)와 선남 선녀들에게 법을 설하셨다.

"그대들은 이제 일체 사람과 올가미로부터 벗어났으니
세상사람들을 불쌍히 여기고 그들의 안락을
위해서 유행하라. 처음도 좋고, 중간도 좋고, 끝도
좋으니 뜻과 글이 다 갖추어진 진리를 널리 전하라.
모두 원만하고 맑고 깨끗한 행을 가르쳐 보이라."
이렇게 해서 부처님의 권속은 일시에 55인이 되었다.

"모두 나와 같이 하루에 한 때만 먹고 도를 닦으라.
나는 우루벨라 촌으로 가고자 하니 그대들은
조금 떨어진 곳에 자리를 잡고 수행하라.
한 사람도 짝을 지어 다니지 말고
일곱 집에서 주는 밥을 받아 하루에 한 때씩만 먹고
세상을 불쌍히 여기고 어여삐 여기라."

〈선사·공녀·청소부(船士·供女·淸掃夫)〉

무가선사귀항하 (無價船士歸恒河)
상사이녀사시공 (上士二女巳時供)
발심공양청소부 (發心供養淸掃夫)
무명불자복지행 (無名佛子福祉行)

뱃삯 없이 태워다 준 사공은 항하로 돌아갔고
상사의 두 딸은 사시공양을 올렸다네.
발심하여 공양하고 청소한 부부는
이름없는 불자들은 복지행을 하였다네.

부처님께서 야사의 집을 떠나 강가에 이르니
며칠 전 강가에서 뱃삯이 없다고 그냥 떠난 사공이
배를 대고 기다리고 있다가 강을 건너주어
상사의 두 딸에게서 공양을 받고
다시 그것을 부럽게 바라보고만 있던 불자가
빚을 내어 공양하고 황금독을 얻어 나라에 바치고
그 지방의 복지사가 되었다.

사공은 부처님이 물위로 걸어온 사실을 나라에 고하여
뱃삯없이 교통을 이용하려는 수행자에겐 누구도
돈을 받지 말라는 말을 듣고 그때부터 지금까지

국가에서 인정한 종교인에게는 누구도 돈을 받지 않고
승선(차) 시켜주고 있다.

아울러 부처님께서 5비구를 제도하고
야사의 친구들을 제도한 뒤
베나레스를 떠난 부처님은 물론 그의 친구들이
탁발할 때 모든 백성들이 공양 할 것을 당부했으며
상사의 딸들이 공양하는 모습을 보고 부러워
눈물을 흘리는 남편을 보고
상사에게 돈을 빌려 공양하고
주위 뜰을 청소하다
전생에 묻어놓은 네 항아리 황금돈을 발견
나라에 바친 신사(信士)가
그 지역의 복지사가 되었다는 소문을 듣고
모든 사람들은 환희 속에서 부처님의 성불을
축복하였습니다.

여기서 나온 말이 '소지황금출(掃地黃金出)이요,
소문만복래(笑門萬福來)' 이다.

☸ 교진여

〈교진여〉

교진여(Koundinya, 火器, 팔리 : kondanna) 또는 아기야따 교진여(Ajnata- kaundinya)는 브라만으로 석가모니 부처님 제자로서 최초로 아라한과를 득한 사람이다. 기원전 6세기 경에 인도 북부 비하르지방에서 태어난 교진여는 붓다와 동시대 사람으로 싯달다왕자의 성불을 예고한 분이다.

이름 교진여 앞에 오는 아기야따(Ajnata)는 범어로 그 뜻은 '豫測'이라는 뜻으로 싯달다왕자에 관한 교진여의 정확하고 확실한 예측에서 온 말이다.

교진여는 가빌라국 석가족 숫도다나왕의 궁전 학자 가운데 이름이 가장 잘 알려진 사람으로 싯달다왕자가 장차 성불하여 부처가 되리라는 예언을 하고 그의 제자가 되겠다는 서원을 세웠다.

교진여는 석가족의 다른 네 고행자들과 함께 출가하여 고행하였으며, 성도한 붓다가 최초로 법을 설해준 다섯 제자 가운데 한 사람이다. 교진여는 붓다의 최초 설법을 이해하고, 이로부터 최초의 비구가 이어 아라한이 되었다.

교진여는 다섯 비구와 함께 붓다를 수행하며 포교하였다. 교진여의 권유에 따라 출가한 비구 가운데는 조카인 부루나 존자도 있다. 후에 부루나 존자는 붓다로부터 포교 제일의 제자로 인정을 받은 사람이다.

교진여의 말년에는 부처님 곁을 떠나 히말라야로 은거하여 부처님보다 훨씬 앞서 타계하였으며, 부처님의 명에 의해 죽림원에 사리탑이 세워졌다. 교진여의 전설은 여러 불전에 전하는데, 잡아함과 마명보살의 불소행찬에 실려있다.

현대에 와서는 1963년에 미국에서 출판된 프린스톤대학 불교사전에 교진여에 관한 사실들이 전한다. 이러한 불전에 의하면 교진여와 석가모니 부처님은 전생부터 인연이 닿았고, 전생에 이미 석가세존을 따라 수행하여 아라한이 될 씨앗을 심어 놓았다고 전한다.

교진여의 재가시절

교진여는 고타마 붓다와 동시대 사람이다. 가필라왕국의 브라만으로 가빌라국 도나밧투 마을에서 태어났다. 젊어서는 3베다를 공부하였으며, 특히 베다학습을 위한 예비교육의 하나로 골상학에 특출한 재능을 보였다.

베다학습을 위한 예비학문으로는 언어학, 음성학, 수학, 천문학, 점성학 등을 공부한다. 이러한 학문을 통 털어 베다앙가(Vedanga)분 즉 베다예비학문이라 칭한다.

싯달다 왕자의 탄생과 함께 아버지 숫도다나 왕은 결혼 후 20

년만에 태어난 왕자를 위해 가빌라국의 점성가들을 초청하여 왕자의 앞날을 점치게 하였는데, 이때 초청된 점상가들 가운데 한 사람이 교진여였다.

이때 초청된 점성가들 가운데 교진여를 제외한 모두가 두 손가락을 들어 두 갈래의 앞날을 제시하였는데, 만약 왕자가 자라 출가를 한다면 모든 인간을 제도하는 훌륭한 종교지도자가 될 것이며, 세속에 남아 아버지의 왕좌를 이어 받는다면 전륜성왕이 될 것이라 예측하였다.

이 자리에서 오직 교진여만이 손가락 하나를 세우고는 왕자는 장차 자라 출가하여 진리를 깨닫는 붓다(Buddha)가 될 것이라 확실하게 예언하였다.

교진여는 그 후 자신은 싯달다왕자가 출가하면 따라서 출가할 것이라 서원을 세웠다. 이러한 예언들을 들은 숫도다나왕은 왕자의 출가를 제지하고자 온갖 방편을 다 강구했으나 왕자는 4문유관을 통해 중생세계의 실상을 직접 경험한 후 29세가 되는 해에 출가하였다.

왕자의 출가와 함께 출가한 다섯 사람이 있는데, 첫 번째 교진여 이외에도 바디야(Bhaddiya), 바파(Vappa), 마하나마(Mahanama), 그리고 후에 부처님의 상수제자 사리불을 부처님께 소개한 아싸지(Assaji) 등이 있다.

교진여를 제외한 네 사람에 관해서는 불전마다 다른 내용이 전해 오는데, 어떤 곳에는 이 네 출가자는 당시 모인 점성가들이라는 설과 다른 불전에 의하면 이들은 궁전 점성가들의 아들로서 숫도다나왕이 싯달다 왕자의 보호를 위해 출가시킨 자들이라고도 전한다. 후에 이 다섯 출가자들을 다섯 비구들이라고 총칭하여 부른다.

싯달다왕자는 두 스승 알라라 칼라마와 우닷카 라마뿟다로부터 수행 지도를 받은 후 이어서 우루벨라 마을에서 다섯 도반과 함께 6년의 고행을 시작한다. 왕자가 고행으로써는 도를 깨달을 수 없다는 것을 안 후 고행을 멈추고 설산에서 떠나는 것을 본 다섯 도반은 크게 실망하고 설산에서 나와 바라나시의 이웃인 사르나스(녹야원)로 떠났다.

보리수 나무 밑에서 정각을 얻은 석가모니 부처님은 먼저 두 스승에게 가르침을 펴고자 떠나려 했으나 이 두 스승은 이미 타계한 것을 알고 곧 다섯 도반들을 찾아 사르나트로 가기로 작정하였다.

사르나트에 도착해 다섯 도반들을 만나 먼저 4성제와 8정도를 포함한 초천법륜경을 설하셨다. 이때 교진여는 경의 내용을 크게 이해하고 곧 예류향에 들었다.

예류향이란 깨달음으로 향한 수행경지로 도과수행의 첫 단계이다. 預流란 비로소 법의 흐름에 들어간 사람이라는 뜻으로 이때 수행자는 3계의 見道를 끊는다. 이로써 교진여는 인간 최초로 부처님의 말씀을 바르게 이해한 사람으로, 이를 안 부처님께서는 교진여를 불러 "교진여여 너는 원하는 것을 성취하였다"라고 증언하셨다. 이를 팔리어로 "아나씨 바따 보(Annasi vata bho)"라고 한다.

그후 5일이 지난 후 부처님의 무아경(無我經)을 듣고는 곧 아라한과를 득하였다. 이로써 교진여는 최초의 아라한이 되었다. 교진여는 곧 세속을 떠나기로 결심하고 붓다의 허가를 청하자, 부처님께서 이를 승인하는 뜻으로 "비구여, 이리 오너라(ehi bhikkhu)" 하셨는데, 이로써 부처님께서 세우신 승단의 최초 비구계를 받은 스님이다.

후에 쉬라바스티 제다원에서 대중이 모인 가운데 말씀하시기를, 교진여는 비구 가운데 최초이며, 나의 제자 가운데 최초이다 하셨다.

부처님께서 성도하시고, 제자들과 함께 포교를 위해 인도 북동부 간지스강을 따라 도보로 비하르주와 웃따라주 중생들에게 법을 전하셨는데, 이때마다 교진여는 부처님을 수행하였다. 교진여의 가르침을 따라 출가한 스님 가운데 우리에게 잘 알려진 부처님 제자는 여동생 마타니의 아들 부루나이다.

전하는 바에 의하면 부처님께서 출가 후 만난 빔비사라왕과의 약속대로 정각을 얻은 후 제일 먼저 왕과 마가다국 국민들에게 법을 전할 것을 약속하신 일을 상기하고 곧바로 왕사성으로 와서 왕과 마가다국 시민들에게 법을 전하였듯이 교진여도 출가하면서 가족들에게 약속한 대로 계를 받은 후 곧바로 귀향하여 조카 부루나를 출가시키고 비구계를 주었다. 부루나는 얼마 후 아라한과를 득하고 부족 가운데 500명의 남자들에게 계를 주었다.

교진여는 부처님의 상수제자로서 여러 법문과 시를 남겨놓았는데, 후에 경전이 결집되면서 쿠다카 니카야의 장로 시집에 16편의 시가 담겨있다.

부처님의 우다나경에는 교진여가 수행 과정에서 집착심을 멸하기 위해 보여준 수행에 관해 특별히 칭찬하신 부분이 있다. 이 부분을 여기에 싣는다.

교진여는 승단이 결성되자 부처님을 도와 상수제자로서 승단발전과 제자교육을 위해 노력하다 부처님 곁을 떠나 타계 전 12년 동안 히말라야 산중에서 지냈다.

불전은 교진여가 부처님 곁을 떠난 이유를 다음과 같이 전한다. 이 글을 읽는 사람들은 먼저 교진여는 부처님보다 훨씬 연장자였다는 것을 염두에 두고 아래 글을 이해하기 바란다.

첫째는 부처님께서 사리불과 목건련 두 배화교 도반을 제자로 삼자, 이 둘을 대중 앞에 세우고 이제부터 이 둘은 자신의 상수제자이니 모두를 이 둘의 지시를 잘 따를 것을 말씀하셨다. 그래서 부처님께서 많은 대중 앞에서 법을 설하실 때면 오른쪽에는 사리불이 왼쪽에는 목건련이 앉아 부처님을 보필하였다. 그때마다 교진여는 부처님 뒤에 앉아 있었다.

힌두전통에 의하면 오른쪽을 상석(上席)으로 삼는다. 대개의 경우 부처님은 동쪽을 향해 앉으시는데, 이때 사리불은 부처님의 오른쪽 즉 남쪽에 사리불이 그리고 북쪽에 목건련이 앉았다.

이때마다 교진여는 이 두 상수제자들이 자신 때문에 불편을 느끼고 있다는 것을 눈치 채고 때로 법회에 불참하는 경우도 있었다.

두 번째 이유는 교진여는 혼자 조용한 곳에서 수행하기를 원했는데, 승단이 확장되면서 승단 내의 생활 속에서는 조용한 시간을 갖기가 어렵게 된 때문이기도 하다.

잡아함에 의하면 교진여는 만다키니 호숫가 차단타숲 속에 수행처를 정했는데, 그 숲 안은 여러 연각수행자들의 수행 장소이기도 하였다. 교진여가 이곳을 수행처로 결정한 후 단 한 번 숲을 떠났는데, 그때는 바로 부처님께 작별을 고하기 위해서였다.

교진여는 부처님을 뵙고 발에 이마를 대고 이별을 고했는데, 숲으로 돌아온 이튿날 타계하였다. 시신은 곧 숲 속 코끼리들이 마련해 온 전단나무로 다비 화목을 쌓고 아누룻다(천안제일 아나율)의 주재 하에 500명의 제자가 자리를 같이 하였다.

다비를 마친 후 재를 부처님께 전하자 부처님은 죽림원에 탑을 쌓도록 명하였다.

 미얀마 삼장법사(三藏法師)가 편집한 책에는 부처님이 처음 녹야원에 오실 때 이마에서 밝은 빛이 쏟아지자
 "싯달다여, 그대는 무엇을 깨달았기에 그렇게 얼굴에서 빛이 나는가?"
 물으니 한 손으로 허공을 가르키며,
 "벗이여, 지금부터 그대들은 나를 싯달다여, 석가여 하고 부르지 말고 깨달은 자(붓다)라 불러라."
하였다. 그때 교진여는 공(空) 도리를 깨닫고 불생불멸, 불구부정, 부증불감을 확실하게 이해한 최초의 사람이라 하여 성(姓) 앞에 '아야(了本際)'이라는 말을 붙이게 되었다 한다.

 부처님께서 "비구 즉 확실히 깨달은 사람"이란 인증을 받은 뒤에는 출가한 누이에게 가서 전법하고 그의 아들 부루나를 출가시켜 "설법제일", "전법제일" 부루나존자라 부르게 되었다. 그들이 살던 장소는 지금의 파키스탄과 아프카니스탄의 동북부 바미안 지방이다.

☸ 부처님 네 상수제자

사리불 · 목건련
안은 · 연화색

부처님의 네 상수제자(上首弟子)들 이야기

불전에 전하는 바에 의하면 과거불들은 모두 상수제자 4분을 두고, 이들에게 제자들의 수행 감독과 교육 그리고 승단 살림을 맡겨왔다 한다. 석가모니 부처님도 예외는 아니었다.

석가모니 부처님의 비구 상수제자로는 물론 사리불(舍利弗 : Sariputra, 사리족의 아들)과 목건련존자(Mogallana)가 있었고 비구니 상수제자는 빔비사라왕의 왕비였던 안은(安隱 : Khema) 비구니와 기구한 운명을 가지고 태어난 연화색(蓮華色 : Utpalavarna) 비구니가 부처님을 도와 비구니승단 관리와 제자들의 교육을 맡아왔다.

연화색 비구니는 비구상좌 목건련존자에 버금가는 신통력을 지닌 비구니로 각종 신통력을 보여주어 니카야성전 여러 곳에 그 활동이 설명되어 있다.

우리는 비구 상수제자에 관해서는 근본불교성전과 대승경전에 이들의 활동이 소개되어 잘 알고 있지만 비구니 상수제자에 관해서는 거의 모르고 있다. 실은 이 두 분의 활동도 경전 여러 곳에 소개되어 있지만 우리가 주의를 기울이지 않아 소원한 관계가 되어버리지 않았나 한다.

〈지혜제일 사리불 이야기〉

　사리불은 마가다국의 한 브라만 가정에서 태어났다. 어머니가 아들을 잉태하자 전에 가지고 있지 않던 큰 지혜를 나타냈는데, 모두들 이것은 태아의 영향을 받은 것이라고 믿었다. 그뿐 아니라 어머니는 당시 유명한 학자였던 동생과 토의를 벌여 이기기도 하였다. 누나와의 토의에서 패배한 동생은 조카가 될 태아의 지혜가 특수할 것이라는 것을 믿고, 조카와 겨룰 수 있을 정도의 지혜를 쌓기 위해 스승을 찾아 다른 곳으로 옮겨갔다.

　여덟 살이 되었을 때 사리불은 읽은 책을 모두 이해할 수 있었다. 한번은 왕이 나라 안의 왕자와 정부 고급 관리들을 초청하여 잔치를 열었는데, 이때 사리불도 초청되었다. 이 자리에서 사리불은 논리에 맞는 언설과 풍부한 지혜로 그 곳에 참석한 모든 사람들을 감탄케 하였다.

　젊은 사리불이 자라면서 보기 드문 학자로서 명성이 자자했고, 스무 살이 되자 우주의 진리를 찾아 집을 나섰다. 그는 한 브라만 학자의 제자가 되었는데, 이때 모가라나(목건련존자)와 가장 가까운 친구가 되어 함께 공부하였다.

　후에 두 사람은 현재의 스승을 떠나기로 결정하였다. 왜냐하면 이 스승은 더 이상 그들의 지식에 대한 호기심을 만족시켜주지 못했기 때문이다. 스승을 떠난 둘은 계속해서 우주의 근원을 찾아 공부하였고, 한편 제자들을 모으기 시작하였다. 두 사람은 실로 지혜에 관한 한 자신들의 스승이 될 만한 사람을 찾기란 쉬운 일이 아닐 것이라는 자부심을 가지고 있었다.

부처님 제자 아싸지를 만나다.

아싸지는 부처님의 초전법륜 설법을 들은 다섯 비구 가운데 한 사람이다. 어느 날 사리불이 길을 가고 있을 때 아싸지스님을 만났다. 그 때 아싸지스님은 이미 아라한과를 증득하신 출가자였다. 사리불은 아싸지스님의 당당한 몸매와 태도에 이끌려 가까이 가서 스님의 스승이 누구인지 그리고 무엇을 배우고 있는지 물었다.

아싸지스님은 대답하기를,
"나의 이름은 아싸지입니다. 그리고 나의 스승은 석가모니 부처님으로 부처님은 항상 말씀하시기를, '모든 것은 인연에 의해서 생하고 멸하며, 어느 것도 영원한 것은 없고, 모든 것은 쉬지 않고 변하여 종국에는 멸한다' 라고 법을 설하신다."

이 말을 들은 사리불은 밝은 빛이 앞에 비치는 것을 보았고, 그 동안 지니고 있던 모든 의구심이 사라지는 것을 느꼈다.

이 말을 듣고 크게 기뻐한 사리불은 바삐 집으로 돌아와서 모가라나에게 거리에서 일어난 일을 말했다. 이 말을 들은 모가라나는 눈물을 흘리면서 마침내 진정한 스승을 찾았다고 기뻐하였다. 다음날 두 사람은 제자 200명과 함께 죽림원에 머물고 계신 부처님을 찾아가 제자가 되었다.

외도와의 토론

부처님은 사리불을 제자로 받아들인 뒤 그를 크게 신임하였다. 한 때 부처님께서 사리불에게 북쪽에 가서 포교하도록 함과 동시에 그 지역에 위치한 기수급고독원 건립에 책임을 맡도록 하였다. 기수급고독원 자리는 본래 제다왕자의 것이었으나 그 지역 부호 아나타핀디카 장로가 이를 구입하여 부처님께 보시한 장소다.

그 당시 북부 인도에서 불교는 크게 알려지지 않았지만 그 지역에는 많은 브라만 외도들이 있어 불교가 포교되는 것을 원치 않았고, 특히 기수급고독원 건립에 대해서는 무척이나 못마땅하게 생각하였다. 외도들은 아나타핀디카에게 기수급고독원을 짓지 말라고 설득하려 하자 그는 부처님을 따르는 제자였기 때문에 외도들의 압력을 무시하였다. 그러나 외도들은 불교 포교를 막기 위해 적대적 감정을 가지고 사리불에게 토론을 제의하자 사리불은 이것이 불교 포교에 훌륭한 기회가 되리라 생각하고 제의를 쾌히 수락하였다.

사리불은 여러 외도들에 대항해서 토론을 벌였다. 사리불은 전에 외도들의 성전을 모두 공부하였기 때문에 어렵지 않게 이들을 패배시켰고, 그 결과 많은 외도들이 불교에 입문하는 기회가 되었다.

전생에 눈을 보시하다.

사리불은 전생에 보살의 큰 원을 세우고 중생을 구제하기로 결심하였다. 그는 자신이 소유하고 있는 모든 재산은 물론 몸과 생명까지도 보시할 서원을 세웠다. 어느 날 한 천신이 사리불의 굳은 서원을 시험하기 위해 슬프게 울면서 사리불이 오는 쪽으로 걸어갔다. 사리불은 이를 보고 가까이 와서 왜 우냐고 물었다.

"내 어머니가 치유할 수 없는 병에 걸려 고통을 받고 있는데, 의사 말에 의하면 스님의 눈을 뽑아 약초와 혼합하여 복용하면 낫는다고 합니다. 그런데 스님의 눈을 어디서 구할 수 있단 말입니까. 그래서 이렇게 울고 있습니다."

천신의 말을 들은 사리불은 자신이 스님이니 눈 하나를 빼서 주기로 결심하였다. 설사 한 쪽 눈이 없으면 다른 쪽 눈으로 충분히 세상을 살아 갈 수 있다고 생각했기 때문이다. 그래서 사리불은 고통을 무릅쓰고 왼 쪽 눈을 파내어 천신에게 건네주었다. 이를 받아 쥔 천신은 말하기를,

"죄송하지만 의사 말에 의하면 오른쪽 눈이라야 한답니다."

이 말을 들은 사리불은 깜짝 놀랐으나, 이것은 사전에 천신에게 어느 쪽 눈이 필요한지를 물어보지 않은 자신의 성급함 때문이라 여기고 오른쪽 눈을 파서 천신에게 건네주었다. 이 때 눈을 손에 든 천신은 아주 못마땅한 목소리로 말하였다.

"무슨 눈이 이렇게 냄새가 나는지… 어떻게 이런 눈으로 내 어머니의 병을 고칠 수 있단 말인가."

하며 눈을 땅에 던지고는 발로 밟아버렸다. 설사 사리불이 더 이상 볼 수는 없었지만 말은 알아 들을 수 있어 이 말을 들은 사리불은 혼자 말하였다.

"중생을 구제하고 보살이 되기란 정말로 어려운 일이구나. 차라리 나 자신만의 구원을 위해 수행하는데 전념하여야겠다."

바로 그 때 하늘에서 천신들이 내려와 말하기를,

"사리불아, 너무 낙심하지 말라. 조금 전에 일어난 일은 모두가 너를 시험하기 위한 것이다. 너는 전보다 더 강한 믿음을 가지고 보살행을 하도록 노력하여라."

이 말을 들은 사리불은 중생 구제를 위해 전보다 더 많은 자비심을 내었다. 그리고 다음 60겁을 수행에 힘썼고, 석가모니 부처님을 만나 제자가 된 후에도 수행을 계속해 깨달음을 이루고 천안통을 얻었다.

사리불의 겸손(1)

비록 사리불은 부처님의 큰 제자 가운데 한 사람으로 깊은 지혜와 신통력을 얻었지만 항상 부처님을 따라 일하고 부처님 지시를 어김없이 행했다. 그래서 부처님은 사리불을 크게 신임하였고, 석가모니 부처님 아들 라훌라 존자가 승단에 입단하자 라훌라 존자의 교육을 사리불에게 맡겼다.

하루는 사리불을 따라 탁발을 나갔다 온 라훌라가 부처님께 투정을 하였다.

"부처님, 나이 많은 스님들과 함께 탁발을 나가면 신도들이 나이 많은 스님들에게는 맛있는 음식을 보시하지만 젊은 스님들에게는 맛도 없고 영양분도 적은 음식만을 보시합니다. 이런 음식을 먹고 어떻게 수행을 하겠습니까?"

부처님께서는 젊은 스님들이 힘든 수행을 하기 위해서는 영양분이 있는 음식을 탁발하여 공양함으로써 힘을 유지할 수 있다는 것을 잘 알고 계셨다. 그러나 부처님께서 라훌라에게 지나치게 음식에 신경을 쓰지 말고 수행에 전념토록 타일렀다.

라훌라가 나가자 부처님은 사리불을 불렀다.

"사리불아, 오늘 너는 부정한 음식을 공양하였다고 하는데?"

이 말을 들은 사리불은 말하였다.

"부처님, 저는 부처님의 제자가 된 이후로 한 번도 부정한 공양을 한 적이 없습니다.

"사리불아, 나는 네가 나의 제자가 된 이후로 한 번도 계를 범하지 않았고, 부정한 음식을 받아 공양하지 않은 것을 잘 알고 있다. 그러나 승단 화합을 위해서는 계는 모두가 공평하게 지켜야 한다. 나이가 많은 스님은 탁발을 할 때 젊은 스님들이 탁발을 공평하게 할 수 있도록 도와주어야 한다."

이 말을 들은 사리불은 조금도 불쾌하게 생각하지 않고 젊은 스님들의 탁발을 도와서 모두가 공평하게 탁발할 수 있도록 노력하였다.

사리불의 겸손(2)

사리불은 언제나 포교에 앞장섰지만 한 번도 자신의 명예나 개인적 불편함 때문에 불평을 하지 않았다. 하루는 부처님이 제자들과 함께 설법을 마치고 기수급고독원으로 돌아와 보니 몇몇 품행이 좋지 않은 스님들이 먼저 돌아와 좋은 자리를 모두 차지하고, 사리불의 방에 까지 들어와 침대에 누워있었다.

사리불이 돌아와 보니 자기의 침대에 다른 스님이 잠을 자고 있는 것을 발견하고 어쩔 수 없이 나무 밑에서 명상을 하며 하루 밤을 지냈다. 다음날 아침 부처님께서 이 사실을 아시고 모든 스님들을 불러 모았다.

"비구들이여, 스님들은 선배 스님들을 존경할 줄 알아야 한다. 그러면 다음 생에서는 많은 공덕의 보를 받게 될 것이다. 물론 도(道)를 행함에 있어서는 선배나 후배가 있는 것은 아니다. 그러나 잠자리를 정하고 탁발을 할 때 선배 스님들께 먼저 자리를 양보함으로써 존경을 보이는 것이 옳은 일이다."

이 말을 들은 사리불은 부처님께 크게 감사한 마음을 가졌다.

사리불의 겸손 (3)

사리불이 80이 거의 다 되어서도 멀리 여행하면서 포교를 하였는데 조금도 피로해 하지 않았다. 하루는 사리불이 수도원을 나가자 한 스님이 와서 부처님께 말하였다.

"부처님, 사리불은 실은 법문을 나간 것이 아니라 나를 꾸짖더니 미안한 생각에서인지 외출을 하였습니다."

이 말을 들은 부처님은 곧 사리불을 불러오라 하고 불평을 한 스님의 말을 해명토록 하였다.

"세존이시여, 제가 부처님의 제자가 된 이후로 한 번도 거짓말을 하거나 자신의 이익을 위해 남을 비방한 적이 없습니다. 매일 저는 명상을 하고 참회를 합니다. 저의 마음은 맑은 물처럼 깨끗하며 남을 비방하는 마음을 가지고 있지 않습니다. 어찌 제가 남을 업신여기겠습니까?"

사리불은 계속해서 부처님께 아뢰었다.

"부처님, 땅은 무엇이든 견딜 수 있기 때문에 온갖 굴욕을 잘 참습니다. 저의 마음은 땅과 같아서 누구의 비방도 잘 참습니다. 부처님, 맑은 물은 온갖 더러움을 잘 씻어 냅니다. 저의 마음은 맑은 물과 같아서 어떤 미운 감정도 모두 씻어 냅니다. 부처님, 빗자루가 쓰레기를 쓸 때 빗자루는 깨끗한 쓰레기와 더러운 쓰레기를 구별하지 않고 쓸어 냅니다. 저의 마음은 즐기는 것과 혐오하는 것이 따로 있지 않습니다. 저는 항상 바른 견해를 가지고 세상을 보며, 어떤 스님도 내려다 보지 않습니다. 만약 저에게 잘못이 있다면 이 자리에서 참회하고 사과를 드립니다."

그 자리에 있던 사람들은 사리불의 말을 듣고 크게 깨달은 바가 있었다. 부처님께서는 사리불을 비방한 스님에게 사리불에게 사과하도록 말씀하셨다. 그 스님이 사리불 앞에 무릎을 꿇자 사리불은 가까이 가서 머리에 손을 얹고 말하였다.
"스님이시여, 사람이면 누구든 잘못을 저지릅니다. 그러나 자신의 잘못을 참회하는 사람은 덕을 쌓습니다. 잘못을 참회했으니 나는 당신을 용서해 주겠습니다."

이러한 일화를 통해 미루어 보건대 사리불은 어느 누구와도 언쟁을 하거나 적으로 삼지 않았다는 것을 알 수 있다.

악령도 사리불을 해치지 못하다.

사리불이 영축산에서 금강삼매에 들어 있을 때 한 마군이 와서 보고 스님이 연약하게 보이자 큰 돌로 머리를 내리쳤다. 그러나 사리불은 하나의 나뭇잎이 머리 위에 떨어지는 것을 느꼈을 뿐이다. 삼매에서 나온 사리불이 산 밑을 내려다 보니 한 마군이 머리에 피를 흘리며 떨어져 있는 것을 발견하였다.

금강삼매는 불괴 삼매로써 이 삼매에 들어있는 스님은 어느 악령도 해칠 수 없다. 누구든 이 스님을 해치려 하면 그 악업의 보를 즉시 받게 되어있다. 사리불은 항상 금강삼매가 아니면 다른 삼매에 들어 있기 때문에 어떤 힘도 사리불을 해칠 수 없었다.

사리불의 열반

부처님께서 제자들에게 백일 후 열반에 드시겠다 말씀하시니 모두들 대단히 슬퍼하였다. 부처님께서 열반에 드는 것을 지켜볼 수 없을 것 같아 사리불은 부처님께 말하였다.

"예로부터 모든 부처님의 상좌 제자는 부처님 보다 앞서 열반에 드셨다 하는데, 저도 부처님의 상좌로서 부처님 열반에 앞서 열반에 들기를 원합니다."

부처님께서 이 말을 듣자 사리불에게 여러 말씀을 하신 후 마침내 허락을 하시자, 사리불은 열반에 들기 위해 고향으로 돌아갈 준비를 하였다.

사리불이 고향으로 떠나기 전에 부처님은 모든 제자들을 불러 사리불에게 하직인사를 하도록 하였다.

"부처님, 저는 지난 40년 동안 부처님을 모셔 왔습니다. 그동안 부처님께서는 자비심으로 가르침을 펴셨으며 이에 힘입어 깨달음을 얻을 수 있었습니다. 이 고마운 말씀을 무엇이라 표현하여야 할지 모르겠습니다. 불법을 얻을 수 있어 저는 모든 고통으로부터 벗어나 열반에 들게 되었으니 떠나기 전에 부처님 앞에 엎드려 경배를 표합니다.”

그러자 그 자리는 고요함과 경건함으로 채워졌다. 부처님께서 말씀하셨다.

“사리불아, 지금 내가 너에게 수기를 내리니, 너는 이 후에 파마브라바 부처라는 이름으로 성불할 것이다. 그리고 다음 생에 이 세상에 와서 중생을 구제하는 일을 완수할 것이다.”

사리불이 부처님과 다른 제자들을 하직하고 떠나자 모두들 슬픈 마음으로 눈물을 감추지 못했다.

사리불은 떠나기에 앞서 스님들에게 다음과 같이 말했다.

“스님들이여, 부처님이 이 세상에 오시는 것은 수 겁에 한 번씩 피는 우담바라 나무에 꽃이 피는 만큼이나 희귀한 일입니다. 또한 6도윤회에서 사람의 몸을 받기란 이에 못지 않게 어려운 일입니다. 오늘 우리는 부처님을 뵙고, 부처님의 제자가 되어 가르침을 받을 기회를 얻게 되었으니 어찌 기쁘지 않겠습니까. 이 기회를 헛되게 하지 마시고 열심히 수행하여 모두가 열반에 드시기 바랍니다.”

이것이 사리불의 마지막 하직 인사라는 것을 안 스님들은 슬픈 감정을 억제하지 못한 체 말하였다.

“존경하는 사리불스님, 스님은 부처님의 상좌 제자이며 우리 모두의 지도자입니다. 장차 부처님 말씀을 포교하기 위해서는 스님이 반드시 필요하니 열반을 서둘지 마십시오.”

사리불이 대답하였습니다.

"스님들이여, 너무 슬퍼하지 마십시오. 부처님께서 항상 말씀하신 대로 이 세상은 아무 것도 영원한 것은 없습니다. 죽음은 삶에서 피할 수 없는 것입니다. 스님들은 계속해서 수행하여 반드시 열반에 드셔서 모든 고통을 여의시기 바랍니다. 또한 항상 중생구제에 힘쓰시고, 부처님의 가르침이 끊이지 않고 후세에 전해질 수 있도록 노력하십시오."

스님들과 작별한 사리불은 시봉하는 쿤디와 함께 고향으로 돌아갔다. 사리불이 고향에 도착하자 그의 어머니가 오랫동안 보지 못했던 아들을 다시 만나게 되어 크게 기뻐하였다. 그러나 곧 사리불이 열반에 들기 위해 고향으로 왔다는 말을 듣고 모두들 크게 놀랐다. 놀란 가족들을 위로하면서 사리불은 말했다.

"슬퍼하지 마십시오. 나의 열반은 죽음과는 다릅니다. 나는 부처님의 가르침을 따라 살아왔습니다. 부처님도 곧 열반에 드실 것입니다. 실은 이 세상 아무도 죽음을 피할 수는 없습니다. 그러나 부처님의 가르침을 따라 수행하고 이를 실천에 옮기는 동안 이제 나는 청정한 마음으로 열반의 상태에 들 수 있게 되었습니다. 진실로 여러분들은 나의 열반을 기쁜 마음으로 받아들여야 합니다."

사리불이 열반에 들기 위해 고향으로 돌아왔다는 소문을 듣고 많은 마을 사람들이 몰려들었다. 그뿐 아니라 아자타사트루왕도 라자그리하에서 장관들과 함께 사리불의 집에 와서 사리불의 마지막 법문을 듣기를 원했다. 아자타사트루왕은 빔비사라왕의 아들로 부처님의 큰 후원자였다. 마침내 사리불이 모든 사람들의 청을 받아들여 방안으로 들어오기를 청했다. 그리고 모인 사람들에게 말하였다.

"저는 지난 40년 동안 부처님을 따라 가르침을 받고 시봉해 왔습니다. 또한 부처님의 말씀을 받들어 여러 곳에 다니면서 포교도 하였습니다. 저는 부처님의 많은 은덕을 입었습니다. 그러나 부끄럽게도 아직까지 부처님의 가르침을 완전히 이해할 수 없습니다. 그러나 한 가지 확실한 것은 부처님은 모든 유정을 자비심을 가지고 대하고 있습니다. 저는 부처님의 말씀을 따라 수행함으로써 마침내 깨달음을 얻었습니다. 여러분은 부처님을 만나게 된 기쁨을 잊지 말고 열심히 수행하여 깨달음을 얻도록 힘쓰시기 바랍니다."

이 말을 마치고 사리불은 깊은 삼매에 들어 마침내 열반의 기쁨에 들어갔다. 사리불이 열반에 든 지 7일이 지난 후 쿤디는 사리불을 다비하고, 그 곳에서 나온 사리를 가지고 부처님께 돌아왔다. 부처님은 쿤디로부터 사리를 받아 들고 모든 스님들을 한 자리에 모이게 하고 말씀하셨다.

"비구들이여, 사리불은 깊고 위대한 지혜를 터득한 스님이었습니다. 사리불은 우주의 진리를 알고 이를 실천해 왔습니다. 또한 법을 온 세상에 전하고자 여러 곳을 다니면서 중생들에게 포교하였습니다. 사리불은 열반에 들기 전 이미 모든 번뇌와 고통을 여의고 자유를 얻었습니다. 이것이 바로 사리불의 사리입니다."

모든 스님들은 부처님께서 들어 보이는 사리불의 사리함 앞에 무릎을 꿇고 경배를 표했다. 사리불이 열반에 든 곳은 바로 오늘날 나란다 대학 경내 대탑이 있는 장소이며, 그 곳에서 태어나 그곳에서 열반에 들었다. 사리불 열반 후 150년 후에 아쇼카대왕은 사리불의 위대함을 기리기 위해 그곳에 대탑을 쌓아 후세에 전하고 있다.

〈목건련존자(目揵連尊者 : Mollagana)〉

목건련존자의 어릴적 이름은 코리타(Kolita)였다. 당시 부처님 제자 가운데 동년배로는 수보리와 사리불이 있었으며, 사리불과는 어릴 때부터 함께 자라 같은 동리에서 성장하여 배화교로 출가하였으나, 사리불이 부처님으로부터 계를 받고 곧이어 목건련존자도 계를 받으면서 두 번째 상수제자가 되었다.

목건련존자는 신통력이 훌륭해서 때로는 부처님으로부터 경책을 받기도 했지만 제자들의 학습지도를 위해서 이 신통력이 크에 작용하여 제자 학습을 돕는데 큰 역할을 하였다.
존자는 타심통을 통해 제자들의 마음을 읽고 막힌 곳이 어디인지를 알아내 도움을 주기도 하였으며, 때로 지옥을 방문해 지옥중생들에게 자신들의 전생 업을 상기시켜 지옥의 고통을 참고 견디면 장차 지옥에서 벗어날 수 있도록 제도하였다.

또 지옥에 떨어진 어머니를 제도하기 위해 갖은 노력을 기울였으며, 그 결과로 우란분(盂蘭盆 : ullambana)절을 통해 삼보와 조상의 영혼에 공양하는 법회 전통이 세워져 오늘날 우리나라에서도 이를 정성껏 지켜오고 있습니다.

목건련존자는 부처님 보다 네 살 위였다. 특히 부모에 대한 효성도 지극했지만 우의가 두터워 항상 즐거운 얼굴로 남을 대하였다. 그래서 부처님께서는 아들 라훌라존자가 입단하자 어린 라훌라의 교육을 목건련존자에 맡겼다.

한편 불교 승단의 와해를 꾀한 데바닷다의 계책을 미리 알아낸 목건련존자는 부처님의 허락을 받고 사리불과 함께 데바닷다를 방문하여 데바닷다가 잠든 틈을 타 그곳으로 떨어져 나간 비구와 비구니들을 설득하여 다시 승단으로 돌아오도록 하였다. 얼마 후 이를 안 데바닷다가 크게 노하고 서둘러 부처님 계신 곳으로 돌아오다 습지에 빠져 사망하였다.

부처님께서 어머니의 제도를 위해 도리천으로 올라가 계시는 동안 부처님을 기리는 간절한 마음을 달래지 못한 우다나 왕이 목건련에게 청하여 32사람의 장인(匠人)을 도리천으로 데리고 가서 전단향 나무로 부처님 상을 조성하여 가지고 내려왔는데, 이것이 불상 조성의 시초가 되었다고 한다.

근본불교성전에 의하면 목건련존자는 부처님 반열반하신 같은 해에 타계하였다. 세수는 84세였는데, 존자의 성공에 시기를 일으킨 자이나교도들이 살인자를 고용하여 살해했는데, 당시 존자는 숲 속에서 홀로 지냈다.

자이나교도의 살해의도를 알아낸 목건련존자는 살인자가 나타날 때마다 신통력으로 자취를 감추었는데, 여섯 번이나 성공했으나 일곱 번째는 신통력이 작용하지 않아 살해되었다고 한다.

존자는 타계하기 전 정신을 차리고 부처님 계신 곳으로 가서 작별인사를 드리고 그 자리에서 타계하였는데, 제자들이 수행이 깊고 자비심이 많은 존자가 어떻게 그런 참혹한 죽음을 당할 수 있느냐고 묻자 부처님께서 대답하기를, 이는 전생에 지은 5역죄 때문이라고 설명하셨다.

목건련존자의 타살에 이어 살인자는 곧 체포되어 역시 참혹한 죽음을 면치 못했는데, 이 사실을 부처님께 아뢰자 부처님께서 말씀하시기를, 때로 두 다른 사람의 업보가 맞물려 이와 같은 참혹한 죽음이 이어지는 경우도 있다고 설명하셨다.

사리불존자와 목건련존자의 사리탑

불교 8대성지는 아니지만 인도성지를 방문하는 불자들이 거의 어김없이 들리는 곳이 중부인도의 도시 보팔(Bhopal)에서 65km 떨어진 산치탑이다.

산치(Sanchi)란 언덕이란 뜻을 지닌 지방어인데, 넓은 평야 한가운데 솟은 높이 200m 언덕 위에 2200년 전 아쇼카왕이 세운 거대한 부처님 사리탑이 서 있고, 같은 경내에 두 다른 탑이 서있다. 한 때 이곳에는 거대한 수도원이 자리했던 유적이 그대로 남이 있어 방문자를 맞이한다. 이 산치탑은 인도에서 가장 오래 된 석조건물 가운데 하나이다.

1851년 인도 고고학회 회장 알렉산더 컨닝햄과 말이시 중위가 산치언덕의 제3수투파 위 부분을 해체하고 탑 속에서 두 개의 석함(石函)을 끄집어 냈는데, 두 석함에는 각각 브라만 문자로 '사리붓트라'와 '목가리야야나'라는 이름이 새겨있었다. 사리불 사리함 안에는 타다 남은 전단향 나무조각이 있는 것은 아마도 다비 시 타고 남은 것이 아닌가 추측된다.

사리불의 석함은 남쪽에 그리고 목건련의 석함은 북쪽에 자리하고 있었다. 컨닝햄의 해석에 의하여 고대 인도사람들은 종교의식 시 동쪽을 앞으로 간주하고, 남쪽을 오른쪽으로 그리고 북쪽을 왼쪽으로 간주하였다.

부처님께서 동쪽을 향해 앉으셨으니 사리불의 남쪽이 오른쪽이되고 목건련의 북쪽이 곧 왼쪽이 된다. 생전에 부처님께서 사리불을 나의 오른팔이라 하시고 목건련을 왼팔이라 하신 말씀에 따른 것이라고 해석된다.

산치에서 발견된 사리는 일단 영국으로 건너갔다가 스리랑카의 다르마팔라스님의 탄원으로 1947년에 스리랑카에 이전되었다. 그후 1949년에는 인도정부로 다시 이전되어 북부인도 불교성지 여러 곳을 순회하며 전시되었다.

1950년 인도정부는 당시 버마 우누수상의 요청에 의해 사리의 일부가 버마에 있는 카바 아에탑에 안치되고, 또 일부가 스리랑카로 이전되었다.

나머지 사리는 다시 산치로 옮겨져 오늘날에는 산치 경내에 위치한 스리랑카 사원 체띠아기리(Chetiagiri Vihara) 수도원 법당에 안치되어 있다.

산치를 방문하는 불자들에게 의례적으로 사리를 관람토록 하는지는 알 수 없다. 또 법당에서 관정수기가 이루어지는 지도 확실하지 않다. 사리를 모신 수도원은 산치탑 입구 왼쪽에 자리잡고 있어 어렵지 않게 들어가 친견할 수 있지 않을까 생각한다.

사리불과 목건련존자의 사리가 봉안되었던 산치경내의 탑

사리불과 목건련존자의 사리를 모시고 있는 스리랑카 사찰.
(인도 산치탑 경내에 위치)

부처님의 두 비구니상좌

　우리는 비구 상수제자에 관해서는 근본불교성전과 대승경전에 이들의 활동이 소개되어 잘 알고 있지만 비구니 상수제자에 관해서는 거의 모르고 있다. 실은 이 두 분의 활동도 경전 여러 곳에 소개되어 있지만 우리가 주의를 기울이지 않아 소원한 관계가 되어버리지 않았나 한다.

〈장로비구니 케마(Khema, 安隱)〉

　케마 비구니스님은 부처님을 시봉한 네 상수제자 가운데 한 스님이다. 부처님을 시봉한 비구니상좌 가운데 가장 윗 상자로 꼽히는 두 분 가운데 한 분이고 다른 비구니 상좌는 연화색 비구니로 신통력이 대단한 분으로 후세에 알려져 있다.

　케마는 고대 마드라 왕국 왕족의 한 사람으로 태어났다. 자라서 이웃 왕국인 마가다국 빔비사라왕과 결혼하였다. 중국의 역경사는 케마를 의역하여 안은(安隱)이라 이름하였다.

　한때 왕은 케마 왕후에게 부처님 계신 곳을 방문하기를 권하고, 궁전 시인으로 하여금 부처님 계신 수도원의 아름다움을 시로 읊어 주도록 하였다.

케마는 부처님을 방문하고 법문을 들은 다음 큰 깨달음을 얻었다. 이러한 일은 극히 드문 일로써 케마는 곧 수도원으로 들어와 계를 받고 정식으로 비구니가 되었다. 부처님은 계를 받은 케마를 자신의 시자로 삼고 이를 승단에 알렸다.

그래서 케마는 비구 승단의 사리불에 비견되는 비구니승단 수좌 시자로 지명된 것이다.

불교의 전통에 따라 정각을 얻은 부처님은 비구승단에서 두 상좌와 비구니 승단에서 두 비구니를 지명하여 부처님을 도와 양 승단운영을 이끌어 갈 수 있도록 여러 책임있는 역할을 담당하도록 하였다.

당시 비구 승단에서는 상좌 비구로 사리불과 목건련 존자가 있었고, 비구니 승단에서는 케마 비구니와 연화색 비구니가 있었다.

초기불교 장로파 불전의 해설서에 의하면 케마는 전생에 여인으로 태어나 최상 연화불의 비구 상좌의 지혜에 감탄하여 다음 생에는 미래 붓다의 비구니 상좌로서 최상의 지혜를 쌓기를 서원하였다.

이러한 전생의 이야기에서 특이한 점은 케마가 전생에 만난 최상 연화불의 비구상좌를 보고 미래불의 상좌가 되기를 원했다는 것이다. 그래서인지 케마가 고타마 붓다 생전에 여인으

로 태어나 붓다의 비구니상좌가 된 것은 이러한 전생의 서원
이 이루어진 것으로 해석한다.

어린 시절과 결혼

불교의 전통에 의하면 케마는 마드라왕국의 딸로 사갈라에
서 태어났다. 이름 케마는 '安全'이라는 뜻을 지닌 말로 때로
열반과 동의어로 쓰여지기도 한다. 중국의 역경사는 이를 '安
隱'이라 의역하였다. 전하는 바에 의하면 케마는 훌륭한 미인
으로 아름다운 얼굴을 지니고 있었다. 케마가 결혼연령이 되자
마가다국 빔비사라왕과 혼인하여 마가다국 제1왕후가 되었다.

부처님을 만나다

한 왕국의 제1왕후가 된 케마는 자신의 미를 다듬는데 온갖
노력을 다 집중하고 지나친 사치에 빠졌다. 부처님의 성불에
따라 불교로 전향한 빔비사라왕이 수차례 케마왕후로 하여금
부처님을 방문하여 법문을 듣도록 권하였으나 매번 왕후는 왕
의 청을 거절하였다. 케마는 자신의 아름다움에 빠져있어 부
처님을 뵈면 부처님께서 육체적 미를 대수롭지 않게 여길 것
같아 거절한 것이다.

케마가 자신의 신체적 미에 빠져있는 것을 잘 알고 있는 빔비
사라왕은 케마의 마음을 돌리기 위해 궁전의 시인들로 하여금
부처님이 계시는 수도원의 아름다움을 시적으로 설명토록 하

기도 하였다. 그리고 난 후 궁전의 호위병으로 하여금 케마왕후를 호위하여 수도원으로 가서 부처님을 뵙도록 주선하였다.

수도원에 도착한 케마왕후는 수도원을 돌아본 후 부처님이 계시는 본당으로 가까이 가자 부처님께서 이를 알고 신통력을 이용하여 케마왕후보다 더 아름다운 여인들로 하여금 부채를 부치도록 하였다.

이를 본 케마왕후는 크게 놀라면서 부처님은 육제적 미를 경시한다고 생각한 자신의 생각이 그릇된 것이었음을 알게 되었다.

그런데 부채를 부치는 여인들을 케마가 바라보고 있는 동안에 젊은 여인에서 중년의 여인으로, 그리고 순식간에 늙은 여인으로 변하는가 하면 그 자리에서 죽는 여인으로 바뀌는 것을 보고 크게 놀라 자신도 머지않아 같은 무상의 길에 들어설 것을 깨닫게 되었다.

그때 부처님께서는 케마를 불러 케마 자신도 같은 운명에 들어설 것임을 깨닫게 하고, 현재 아름다움의 무상함을 알아차리게 된 케마는 그 자리에서 예류과를 얻는 깨달음을 이루게 되었다.

부처님은 계속해서 케마에게 세속의 중생들은 지나친 집착으로 인해 헤어날 수 없는 고통에 빠지게 된다고 법문을 하자 곧 케마는 아라한과를 득하였다.

이로 인해 케마는 출가하여 승단에 머물면서 비구니로서 부처님을 시봉하게 된 것이다. 이러한 케마의 경우는 극히 희귀한 일이다. 특히 출가하여 수행을 거치지 않고 깨달음을 얻는 일은 세속인으로서는 거의 기대할 수 없는 일에 속하기 때문이다.

부처님의 상수제자

불전에 전하는 바에 의하면 케마는 뛰어난 지혜를 지닌 비구니로 세상에 알려졌다. 케마가 코살라의 왕 파세나디에게 부처의 사후 존재에 관해 법을 설한 일은 후세까지 그 기록이 남아있다. 케마의 법문에 의하면 사후 붓다의 존재에 관해서는 중생으로서는 헤아릴 수 없는 일이기 때문에 붓다의 사후가 있다든가 없다든가 하고 규정지을 수 있는 일이 아니라고 설하였다.

이러한 법문을 들은 파세나디왕은 크게 놀라 틈을 내서 석가모니 부처님 자신에게 질문을 했더니 부처님의 대답이 정확하게 케마의 법문과 동일하였다. 또한 케마는 그녀의 친구 비자야를 지도하여 출가시켜서 수행 후 아라한과를 얻도록 하였다.

한때 악마 마라가 케마를 유혹하여 승단에서 떠나게 하려 시도하였다. 젊은 청년으로 몸을 바꾼 마라가 케마를 유혹하려 하자 케마는 전의 태도를 완전히 바꾸어서 이제는 세속의 모든 집착으로부터 멀리 벗어난 자신을 설명함으로써 마라를 크게 놀라게 하였다.

케마는 자신의 전생에 관해 설명하면서 한때는 고다마 붓다가 전생에 보살이었을 때 고타마의 부인인 적도 있다 하였는데, 전생이야기 가운데 고타마 붓다에게 야소다라 이외에 다른 부인이 있었다는 이야기는 극히 희귀한 이야기이다.

부처님은 케마를 비구니 제일상좌로 지명하고 특히 지혜제일의 비구니가 되었다. 부처님은 특히 케마의 제자를 위한 교육열을 크게 칭찬하였고 그녀의 우수한 지도력에 감탄하였다. 또한 케마와 함께 연화색 비구니를 다른 비구니들의 모범으로 삼도록 말씀하셨다.

이렇게 해서 고타마붓다 당시에는 비구 승단의 상좌로서는 사리불과 목건련 존자로 그리고 이에 비견되는 비구니승단 상좌로서는 케마 비구니와 연화색 비구니가 지명된 것이다.

남긴 공적들

팔리어 불전 학자인 크레이에 의하면 케마스님은 부처님 생존 당시 비구승단의 사리불에 비견되는 비구니승단의 수석상좌였다. 케마스님은 세속에 있을 당시 남편이었던 빔비사라왕의 신심을 능가하였다고 한다. 그 이유로 케마스님은 믿을 수 없을 정도로 짧은 시일 안에 아라한과를 득하기도 하였다. 이러한 결과는 케마스님의 신심에도 그 영향이 있었지만 특히 여러 전생을 통해 계속해서 커다란 원을 세우고 수행을 계속해 온 결과라고 믿는다.

역사적으로 볼 때 고타마 붓다의 두 쌍의 상좌들 즉 비구승단의 사리불과 목건련 그리고 비구니 승단의 케마와 연화색 상좌 간에는 유사한 점이 있는데, 그것은 비구승단의 사리불은 피부가 흰색이었고 목건련 존자는 피부가 검은 색이었는데, 이상하게도 비구니 승단의 경우도 역시 케마는 흰색의 피부를 가지고 있었고 연화색 스님은 검은 피부를 가지고 있었다. 이러한 일치를 무엇으로 설명할 수 있을까? 고고학자 오베에세케는 말하기를 이러한 우연의 일치처럼 보이는 것은 부처님의 포교는 어느 계층의 중생만을 위한 것이 아니고 사성 계급이나 빈부의 차이가 없이 일체 중생에게 평등하게 전교됨을 상징한 것이라 한다.

케마스님의 위치는 당시 사회의 보편적 관념을 훨씬 뛰어넘은 일이라고 평가한다. 케마경에 의하면 비구니는 비구는 물론이지만 남자들을 위해서도 가르침을 펼 기회가 주어지지 아니했는데, 케마스님의 경우는 일반인도 아닌 파세나디왕과 대화를 나누고 왕을 위해 법을 설한 것은 그 예를 찾아 볼 수 없는 일이라고 후세 학자들은 말한다.

파세나디왕은 케마 비구니의 법문을 듣고 크게 감명을 받고 깊은 경의를 표했다. 이는 여자도 남자에 버금하는 정신적 발전은 물론 지혜의 획득도 성별에 관계없이 각자의 수행에 따라 쌓아갈 수 있다고 믿게 하였다.

〈기구한 운명의 여인 연화색 비구니〉

우파라바나(Uppalavanna, 蓮華色) 비구니는 부처님 생존 당시 비구니승단의 두 상좌 가운데 한 분이었다. 오랜 수행을 통해 쌓은 높은 신통력이 비구승단의 목건련존자에 버금갔다.

태어나면서 얼굴색이 마치 푸른 백합처럼 예뻐 연화색이라 불렀다.

연화색 비구니는 기구한 여인이었다. 일찍이 결혼하여 딸 하나를 낳았는데 너무도 사랑스러워 딸에게 빠져있는 사이 남편이 장모방에 가 누워있었다. 일찌기 홀로 된 어머니는 딸과 사위를 친자식처럼 사랑했기 때문에 자신도 모르게 정이 들어 세속적인 윤리도덕을 생각할 겨를이 없었다. 너무도 놀란 연화색은 아이를 어머니 방에 내 던져버리고 정처없이 길을 떠났다.

밤새도록 걸어 어느 산모퉁이를 돌아가는데 하얀 옷을 입는 점잖은 어른이 수레를 타고 오다 물었다.

"웬 사람이 새벽같이 걸어오고 있오?"

"갈 길이 막막한 나그네입니다."

"수개월 전 당신과 똑같이 생긴 아내가 죽어 오늘도 그의 묘지를 갔다 오는 길입니다. 타십시오."

그리하여 그의 집에 이르러 보니 상당한 부호로 살림에 걸림이 없이 사는 장자였다.

"나는 외국무역을 하는 장사꾼인데, 결혼을 하였으나 아기를 낳지 못했습니다. 서로의 외로움을 달래며 살아갈 수 있다면 나와 함께 사는 것이 어떻습니까?"

연화색은 사실 올데 갈데 없는 사람이라,

"그렇게 해 주신다면 좋겠습니다만 저의 능력이 부족한데가 많습니다."

이렇게 하여 두 사람은 새 살림을 차리게 되었다. 깨가 쏟아지게 살았으나 아이를 갖지 못해 안타까워하였다. 남자의 나이 50이 넘자 연화색이 말했다.

"남의 집에 들어와 손을 보지 못한다면 조상에게 큰 누를 끼치는 것이니 사람을 하나 얻어서라도 자식을 갖도록 하세요."

"당신과 똑 같은 사람이 있기 전에는 두 번 장가들지 않겠습니다."

그런데 그 뒤 얼마 있다가 탁가실라성에 장사를 갔다가 물동이를 이고 오는 한 여인을 보니 연화색과 꼭 닮았다. 따라 들어가 물었다.

"그대의 부모님은 어디 계신가?"

"저는 이집의 노예로 팔려와 있기 때문에 어르신들과는 접촉이 없습니다."

주인을 만나 물어보니,

"노예시장에서 사왔는데 아이가 영리하여 일을 잘한다."

칭찬하였다.

"얼마에 사셨습니까?"

"300냥에 샀습니다."

"1천냥 드릴테니 저에게 주시겠습니까?"

하여 이 아이를 사가지고 두 달 동안 살다가 고향에 돌아와 딴 마을에 숨겨두고 종종 들리곤 하였다. 남편의 행동이 수상한 것을 느낀 연화색이 물었다.

"누구 사람이 생긴 것 아닙니까?"

"사실은 탁가실라성에 갔다가 여인 한 사람을 사 왔는데, 당신을 꼭 빼어 닮았소."

"그렇다면 집으로 데려 오세요. 나와 함께 형제처럼 살 것이니."

그리하여 데려다가 재미있게 살았다. 그런데 어느 날 비가 와서 물을 받아 목욕을 하고 서로가 머리를 빗겨주는데 한쪽 머리가 일그러져 있고, 그 자리에는 머리카락이 나 있지 않았다.

"큰일 날뻔 하였구나. 머리를 이 정도로 다쳤으면 꼭 죽을 뻔 하였겠는데!"

"그렇습니다. 우리 아버지가 할머니 방에 가 있다고 어머니가 저를 문지방에 던져 이 모양이 되었습니다. 아버지는 할머니와 같이 어디로 이사 가시고 저는 노예로 팔려 탁가실라성에 살다가 이곳으로 온 것입니다.”

연화색의 눈에서는 눈물이 고였다. 그러나 전날의 일을 차마 말을 할 수 없었다. 그날 저녁 연화색은 비를 맞으며 한없이 걷다가 이튿날 공동묘지 근처 소나무에 목을 매었다. 마침 나무하러 왔던 사람이 이를 보자 올라가 끈을 풀고,

“이게 무슨 짓입니까? 그렇게 죽을 바에는 좋은 일이나 해주고 가지.”

“무슨 좋은 일이 있습니까?”

“저는 마누라가 자식 넷을 낳아 놓고 죽어 저기 공동묘지에 묘지를 썼는데, 그래도 잊지 못해 매일 이곳으로 나무를 하러 옵니다.”

“그렇다면 내 가서 아이들을 길러 드리겠습니다.”

이렇게 15년을 살다 보니 큰 아이가 장가 갈 나이가 되어 장에 나가 거간꾼과 흥정을 했는데, 마침 나이 어린 소녀가 있어 결혼하게 되었다. 결혼식날 연화색은 어떤 사돈이 오려나 하고 기다렸는데, 말타고 오는 것을 보니 자신의 딸과 같이 살던 둘째 번 남편이 사돈으로 오고 있었다. 너무도 기가 막혀 또 정처없이 떠 다니다가 어느 거지 집에 들어가 자는데,

“남의 집에 들어와 뭘 하느냐?”

야단을 치며 방값을 내 놓으라 하여 몸을 맡긴 것이 결국은 창녀가 되고 말았다.

부처님이 제자들과 그곳을 지나가시다가 하늘을 멍하니 처다 보고 있는 연화색을 보고 사리불에게 말했다.

"사리불아, 저 여인에 관해 알아보아라."

그래서 하는 수 없이 사리불이 가 물었다.

"무엇을 그렇게 바라보고 있습니까?"

"빛이 그립습니다."

"이 세상 빛 가운데 부처님 빛이 제일입니다."

"나는 죄많은 여인입니다."

"괜찮습니다."

부처님께 가니 부처님께서 물었다.

"그대 이름이 무엇인가?"

"웁파라바나(연꽃)입니다. 이 몸은 걸레가 다 되었습니다."

"연꽃이 물에 젖는 것 보았는가?"

"보지 못했습니다."

"그대의 몸은 이미 버려졌다 하더라도 마음은 한 번도 이 세상에 젖은 일이 없다. 그대는 오래 전에 숫사슴이 되어 많은 암사슴들을 거느린 과보로 오늘 이 시간이 있게 된 것이다. 그때 산속에 수행자 한 사람에게 녹용을 보시한 인연으로 이 세상에 사람 몸을 받아 과보를 갚은 것이니 걱정하지 말라."

그 뒤로 연화색은 아라한과를 얻었고, 병든스님, 노인스님들을 잘 받들고 관청에서 일어난 일들을 잘 풀어주니 신통제일 연화색 비구니라 불렀다.

❀ 마하가섭존자

〈마하가섭존자〉

마하 가섭(범어 : 가시아파, 팔리어 : 가사파)은 부처님의 10대 제자 가운데 한 분이다. 마하가섭존자는 10대 제자 가운데서 두타행을 계율에 따라 가장 잘 실천해온 수행자로 알려져 있다.

부처님이 열반에 드신 후 장로비구로 승단을 이끌어 왔고, 특히 제1차 경전결집을 주재하였으며, 후에 부처님의 법을 아난존자에게 전한 제1 부법조사(付法祖師)이기도 하다.

불전은 가섭존자를 여러 면에서 평가하고 있다. 존자는 세속을 떠난 성인(聖人)이었으며, 모든 수행자가 철저하게 계율을 따르도록 권장하였고, 반체제적이었으며, 인과응보를 굳게 믿었고, 미륵부처의 하생시에는 종교적 이유로 세속을 뒤로 한 은둔자로 그러나 석가모니 부처님과 미륵부처님을 이어주는 중재자 역할을 담당할 것이며, 끝으로 천민을 포함한 모든 중생을 위해 봉사한 사람으로 그려져 있다.

마하가섭존자는 마가다국의 한 마을 부유한 브라만 가정에서 태어났다. 어렸을 때는 피빨리(Pipali, 긴 꼬추)라 불렀으며, 성장하여 부모가 맺어준 바드라 카피라니라 이름하는 여인과 결혼하였다. 그러나 두 사람 모두 가정생활을 원치 않았기 때문에 동거하되 성생활을 하지 않기로 약속했다.

그러나 농촌의 농경생활에 싫증을 느껴 마침내 두 사람 다

집을 떠나 탁발생활을 시작하였다. 후에 피빨리는 부처님을 만나 출가하여 비구가 되고 '카시아파'라는 이름으로 불리기 시작하였다. 그 후 이름 앞에 '마하'라는 칭호를 붙인 것을 다른 '가시아파' 제자들과 분리하기 위해서였다.

부처님은 가섭존자에게 계를 내리면서 세 가지 경책을 말씀하시고는 이것을 반드시 지킬 것을 당부하셨다.

첫째는 동료 출가자들에게 사회계급에 상관없이 항상 두려움과 함께 주의를 기울일 것이며,

둘째는 부처님의 가르침을 정신차려 듣고 시행토록 하고,

셋째는 마음챙김을 가지고 생활해 가라 하셨다.

마하가섭은 부처님의 훌륭한 제자가 되어 가사를 서로 바꾸어 입게 되었다. 이는 부처님 가르침을 전수받는 상징이기도 하였다. 예로부터 인도 가정이나 종교단체에서는 가보나 법을 전하는 상징으로 옷을 전하는 것이 전통이었다고 한다.

가섭존자는 탁발제일로 후세 사람들에게 알려져 있다. 출가 얼마 후 아라한과를 득하였으나, 때로 부처님을 시봉하는 아난존자와의 사이에 의견과 견해의 차이로 다투기도 하였다.

그는 계율에 엄격하였으며, 매사를 출가자로서의 계율에 준하여 처리하는 모범적인 고행자였지만 승단의 발전과 중생 교화에는 언제나 앞장 서서 봉사하였다. 특히 천민과 가난한 중생들을 돕는 일에 큰 관심을 기울였다. 그래서 사람들은 그를 반체제적 사람이라고 평하기도 했다.

가섭존자는 부처님이 열반하시고 다비식을 행하는데 승단의 장자(長子)로서 큰 역할을 하였으며, 그 후 제1차결집을 주재하였다.

제1차 결집 중 경전 결집에서는 아난존자의 역할이 절대적으로 요구되었기 때문에 어쩔 수 없이 아난존자로 하여금 부처님의 말씀을 대중 앞에서 염송토록 했지만 결집에 앞서 아난존자가 범한 몇 가지의 사건에 대해 신랄하게 질책하였다.

서양의 몇 불교학자들은 부처님 다비 당시 마하가섭존자의 역할에 관해 의심을 나타내기도 하였고, 특히 아난존자에 관한 질책 그리고 제1차 결집에 관한 역사적 확실성에 관해 많은 의심을 표명하고 있다.

또한 이 학자들은 마하가섭존자가 대표하는 승단의 가치는 얼마간 과장된 것이라고 추론한다. 가섭존자는 아난존자나 다른 제자들과는 달리 승단 내의 계율, 브라만의 가치, 그리고 고행의 중요성을 크게 강조하였다.

어찌되었던 마하가섭존자는 부처님 열반 후 승단원의 화합을 위한 승단 전통 확립에 큰 역할을 담당하였던 것만은 확실하다. 그는 부처님 열반 후 처음 20여 년간 승단을 효과적으로 이끌어 온 지도자였다.

그래서 여러 불교종파에서는 한결같이 마하가섭존자를 불교 제1대 조사로서 이로부터 부법조사(付法祖師) 전통이 시작되었다.

여러 경전결집 이후의 불전에 의하면 마하가섭존자는 장차 미륵보살이 하생하여 법을 펼 때까지 쿠쿠따파다 산 밑에 있는 굴 속에 들어가 선정 속에서 생을 중단시킨 상태로 머물러 있기로 결심하였다 한다.

쿠쿠따파다 산은 부처님께서 포교하신 지역의 마가다국에 있는 산으로 중국의 법현스님이 그곳을 다녀와서 남긴 기록에 의하면 산속에는 사나운 짐승들이 살고 있어 함부로 다가 갈 곳이 못된다고 했다.

이러한 불전의 이야기에 힘입어 마하가섭존자 숭배사상이 발전되고 근세까지도 제의식이 거행되기도 했다고 전한다. 이러한 이야기는 마하가섭존자가 석가모니 부처님으로부터 받은 법복을 미륵부처에게 전함으로써 물리적으로 이 두 부처님을 연결하는 상징으로 학자들은 해석한다.

중국의 선불교는 이러한 이야기에 큰 비중을 두고 있지는 않지만 가섭존자는 부처님으로부터 이심전심(以心傳心)으로 법을 전수 받은 분으로 이러한 교외별전(敎外別傳)의 의의가 선불교의 주체성을 세우는데 대단히 중요하다고 본다.

이런 뜻에서 법복의 전수는 상징적인 의미에서 그 중요성이 높다. 한편 미래 불교를 위한 재확신과 희망을 상징하는 의미로 가섭존자가 불교미술에 자주 등장하기도 한다.

초기 불교의 불전

초기불교의 불전전통에 따라 열 편이 넘는 경전 속에 마하가섭존자에 관한 이야기가 등장한다. 잡아함과 팔리경전 상유타 니카야 그리고 증일아함에 마하가섭존자와 부처님간의 대화가 담겨있고, 근본설일체유부의 불전과 티베트어 불전에도 가섭존자에 관한 내용이 다수 전한다.

가섭존자가 부처님을 처음 뵈었을 때는 부처님은 분소의(糞掃衣)를 수하고 있었고, 가섭존자는 탁발하는 출가자로서는 사치에 가까운 귀한 천으로 만들어진 옷을 입고 있었다.

왕사성 영취산 정상에서 법을 설하시는 도중 한편에 서 있는 비빨리를 본 부처님은 그를 불러 자신의 자리를 반 나누어 앉게 하였는데, 그 후 자신의 분소의를 비빨리에 건네며 계를 내려주었다고 한다. 이러한 일련의 사건을 후세의 불교학자들은 평가하기를, 이러한 일은 아주 희귀한 일로써, 이는 오직 승단의 장래를 위해 큰 일을 이끌어 갈 수 있는 인물로 알아보시고 법을 전하는 상징으로 비록 분소의이기는 하지만 자신의 법의를 내려주신 것이다 라고 한다.

인도사회의 전통 가운데 하나는 훌륭한 인물로 간주되는 선조가 수하던 옷을 가보로 후손에게 전하는 전통이 있는데, 이러한 전통이 종교 단체에서는 법이나 뜻을 전하는 상징으로 천으로 만들어진 대상을 택하였다고 본다. 부처님께서 비록 분소의이긴 했지만 법의를 마하가섭존자에게 전한 것은 바로 이런 전통의 한 상징이라 할 수 있다고 불교학자들은 평가한다.

승단생활

가섭존자는 승단에서 가장 존경받는 부처님 제자 가운데 한 분이었다. 특히 출가자로서의 탁발은 율장에 주어진 그대로 시행하고 그 외에 다른 계도 철저하게 지켜 그의 생활은 청정 바로 그것이었다.

그의 신통력은 아주 높은 경지였으며, 선정의 경지는 부처님에 버금하는 깊이였다고 한다. 특히 인내심이 대단히 강해서 율장에 전하는 무소유생활을 철저하게 지켰다.

중국에 전해진 팔리어 불전에 보면 마하가섭존자의 고행 생활을 지켜본 부처님께서는 권하시기를 나이가 좀더 들면 자신과 함께 생활할 것을 말씀하셨는데, 가섭존자는 이러한 제안을 거절하였다.

가섭존자는 당시의 무소유생활이 자신을 위해서는 적절하다 주장하면서 미래 승단에 입단하는 출가자들에게 모범이 되기를 원하다고 하였다. 이에 부처님께서도 마하가섭존자의 청정생활을 긍정적으로 받아들였고 부처님 자신도 과거에 경험했던 고행이 후에 큰 도움이 되었다고 하셨다.

두 번째 불전에 의하면 가섭존자는 항상 단순한 분소의를 입고 살았으며, 그의 머리와 수염은 깎지 않아 길게 늘어져 있었고, 그래서 주위의 승단원들이 존자의 복장과 외모에 관해 불평을 늘어놓기도 하였다.

이 말을 들은 부처님께서는 가섭존자의 외모는 고행자로서 크게 벗어난 일은 아니라고 변호하기도 하였으나, 부처님께서 자리에 함께 앉기를 권하자 이를 정중하게 사양하였다고 한다.

한때 가섭존자가 병이 들어 누워있을 때 부처님께서 병문안을 가서 위로하시면서 존자가 부처님 경책을 지나치게 철저하게 따르는 것이 아닌가 염려하기도 하였다.

가섭존자와 아난존자와의 관계

가섭존자와 아난존자 두 분은 부처님 10대 제자에 드는 수행자들이었다. 아난존자는 부처님의 시자로서 항상 부처님과 함께 생활하였는데, 불전에 의하면 가섭존자는 아난존자의 승단문제 처리에 많은 불만족을 표하기도 하였다.

한때 가섭존자는 아난존자가 수행이 덜된 젊은 스님들과 함께 몰려다닌다면, 이러한 일은 승단의 계율과 명성에 자칫 오점을 남길 수 있다고 강력한 어조로 경책하였다.

아난존자가 비구니승단을 설립하는데 부처님의 반대에도 불구하고 강력히 청하여 허락을 받아 낸 것에 관해 크게 불만족을 나타냈다. 이에 비구니스님들이 아난존자를 옹호하고 나섰다.

부처님께서 반열반에 드신 후 한 때 아난존자가 비구니승단에 가 있는데 마하가섭존자가 비구니 승단에 와서 비구니교육을 실시하려 하자 비구니 스툴라난다가 일어나 아난존자가 있는데 가섭존자가 교육을 할 이유가 있는가 하는 의문을 제기하였다. 이에 가섭존자가 아난존자에게 그 질문에 대한 답을 해 줄 것을 요구하자 아난존자가 말하기를 비구니스님의 질문은 당시의 상황에 맞지 않는 질문이라고 일축해 버렸다.

그러자 가섭존자는 아난존자에게 부처님께서 가섭존자의 수행정도와 선정의 경지에 대해 하신 말씀을 반복토록 하였다. 스리랑카 스님 카라루비나는 이러한 대화는 아마도 가섭존자가 승단에서의 자신의 위치를 재확인토록 하기 위한 의도였을 것이라고 말했다.

한때 이와 유사한 사건이 발생했는데, 이때 마하가섭존자는 아난다를 질책하기를 아난존자는 자신의 제자들의 잘못된 행위에 책임을 지려 하지 않는다고 단호한 어조로 말했다. 이 말을 들은 스툴라난다 비구니스님은 가섭존자는 비불교적이며 사교(邪敎)에 속하는 사람처럼 행동한다고 공박하자 가섭존자는 이에 대해 자신은 부처님의 제자로서 누구나 다 인정하는 승단의 지도자임을 확인시켜 주려 하였다.

이에 화가 난 스툴라난다 비구니는 승단을 떠났다. 그 후 얼마 있지 않아 타계했는데, 죽어서 지옥에 떨어졌다고 한다.

인도학 학자 오스카 힌우버 교수의 주장에 의하면 아난존자와 가섭존자 사이에 불화가 자주 있었던 것은 아난존자가 비구니승단 설립의 공로자 이기도 했고, 비구니승단에 자주 왕래를 했으며, 부처님 생존 당시에는 비구니승단의 교육을 책임지기도 했기 때문에 비구니 스님들이 깊은 존경심을 가지고 모셔온 터이다.

그러나 가섭존자의 경우 초연하고 냉담한 자세로 매사를 처리하였으며 스승으로서 출가자들이 언제나 율을 따르도록 본을 보이고 따르도록 강요했다. 후에 불교학자들은 마하가섭존자는 많은 불자의 존경의 대상이 되기에 충분한 분으로 평가하고 있으나, 동시에 여러 도반이나 장로비구로부터 비판의 대상이 되기도 했다.

아난존자와 비교하여 마하가섭존자는 냉담하게 매사를 처리했고 그러나 공평하였고 초연하였다. 일본의 종교학자 레이코 오누마 교수는 주장하기를 아난존자와 가섭존자 간에 있었던 불화는 단지 비구니승단의 설립에 관한 일 때문이 아니고 두 장로비구 간의 성격상 차이에서 설명되어야 한다 하였다.

한편 팔리어 불전 학자 루네 요한손은 말하기를 마하가섭존자와 아난존자 그리고 비구니승단에 관한 견해의 차이는 설사 불교 수행의 최고 경지에 달한 수행자들도 잘못을 범할 수 있다는 인간으로서의 취약성을 보여준 예라 할 수 있다. 그런가 하면 불교학 학자 아날라요 스님은 가섭존자는 단지 아난존자가 일종의 비구니 승단에 대한 편애를 버릴 수 있도록 강조한 것 뿐이라고 평가한다.

스승과 은사

팔리어 불전에 의하면 부처님은 마하가섭존자가 스님들을 지도하는데 붓다 자신만큼 열정을 가지고 이끌어오고 있다고 믿었으며, 그의 능력을 높게 평가하였다. 그래서 부처님은 마하가섭이 장차 승단을 이끌 지도자로 그리고 붓다의 열반 후 붓다의 자리를 차지할 인물로 부각시키려 노력하였다.

잡아함과 이의 팔리어 경전 상유타라 니카야 안에는 마하가섭존자가 승단원을 교육할 때 실로 순수하고 깊은 자비심을 가지고 제자들을 이끌어 갈 수 있도록 노력한 흔적이 뚜렷하게 나타나 있다. 그래서 마하가섭존자는 제자들을 교육함에 있어 그리고 승단의 문제를 처리함에 있어 언제나 고행수행을 강조하고 있다.

그러나 가섭존자의 엄격하고 단호한 교육방법과 학인 제자들을 선택해 교육하는 방법 등은 다른 많은 수행승들과 특히 비구니들로부터 비판의 대상이 되었다.

인도학 학자 아나라요는 말하기를 이러한 이유로 마하가섭존자는 제자들의 교육에서 차츰 멀어지기도 하였다. 가섭존자와 그보다 더 강직한 바꿀라 스님과 같은 스승들의 엄격한 교육방법은 많은 승단원이 지난 날 승단의 규율이 약간 완화된 그리고 얼마간의 자유가 허용되었던 옛날을 회상하게도 만들었다.

클락교수는 말하기를 마하가섭존자의 이미지는 초기불교 승단 내에서 세속을 떠난 고행주의자로 낙인이 찍혀 있었다고 본다. 그러나 한편 가섭존자의 가정적 면도 보이고 있다.

출가 전 가섭존자의 부인이었던 바드라가 출가하여 나체주의자 집단의 비구니가 되었는데, 탁발을 나가면 자주 다른 나체주의 비구들로부터 능욕을 당하는 경우가 있는 것을 알고 부처님께 청하여 부처님 탁발의 얼마를 바드라에게 나누어주기도 하였다.

이러한 가섭존자의 행위에 다른 승단의 비구들이나 특히 불교의 비구니들이 가섭존자를 비판하였는데, 이는 한편에서는 가섭존자에 대한 불편한 감정에서 비롯되기도 했지만 다른 한편에서는 타 종교 집단의 일상행위와 무질서한 타락상을 비판하는 일면이었다고 본다.

마하가섭존자는 계속해서 바드라를 돌보았는데, 후에 스투라난다 비구니의 비판에도 불구하고 부처님의 허락 하에 바드라를 지도하여 아라한과를 득하게 되었다.
불교에 전하는 비구니장로 게송집에는 바드라의 게송이 담겨있는데, 이 게송에서 바드라는 가섭존자의 지도에 감사하고 진실한 정신적 친구로서 그의 도움을 크게 칭찬하고 있다. 그러나 바드라에 관한 가섭존자의 게송은 전해오지 않는다.

때로 승단의 중견 제자들도 교리상의 의문이 있으면 가섭존자에게 문의하기도 하였고, 특히 외도들은 주로 사리불에게 불교 교리상 의문되는 점을 물어 왔는데, 사리불은 이를 가섭존자에게 문의하면서 왜 부처님께서 이에 대한 해답을 말씀하지 아니했나 의문을 제기하기도 하였다.

때로 사리불은 부처님 가르침을 실천에 옮기는데 있어 특별한 방편에 관해 가섭존자에게 문의해 왔다.

또 하나 가섭존자의 특이한 점은 천민과 가난한 사람들을 위해 큰 자비심을 보여주었다. 예로써 탁발을 나갈 시 일부러 마을 밖 멀리에 사는 가난한 천민의 동리로 가서 공양을 받아왔는데, 이들이 보시하는 공양물은 남이 먹다 남은 것으로 당시의 관습으로는 이러한 공양물은 불결한 것으로 간주되었으나, 자신을 복전으로 해서 천민들이 공덕을 쌓아 전생의 업을 엷게 할 수 있는 기회를 마련해 주기도 하였다.

또 한 때 가섭존자는 일부러 나이가 많은 여인의 집으로 가서 탁발을 했는데, 이때 이 여인은 자신의 공양물이 너무 미약해 보시하기를 꺼리자 가섭존자는 떠나지 않고 발우를 들고 서 있어 할 수 없이 공양물을 발우에 넣어 주었다.

종교학자 윌손의 말에 의하면 이때 공양의 복덕은 공양물의 질이 아니라 베다의 희생정신에 따르면 공양의 공덕은 공양주의 마음과 공양물이 어울려져 이루어지는 것으로, 이러한 관념은 불교 이전에 이미 베다경전 속에 담겨 있었다고 한다.

자신이 가지고 있는 것을 고행자에게 나누어주면 이때 고행자에 의해 공양주 자신이 순수해 지고 새로운 자아가 만들어진다 하였다.

천민에 대한 가섭존자의 자비심의 발로를 말해주는 일화 하나는 한때 가섭존자가 탁발을 나갔는데, 나병환자촌에 갔을 때 한 여인이 발우에 공양물을 넣다 손가락 하나가 떨어져 발우 속에 빠졌는데, 이를 알고도 가섭존자는 그 공양물을 받아와 소모하였다고 한다.

당시 가섭존자가 머물고 있던 수도원 밖의 마을에서는 존자에 공양을 올리면 큰 공덕이 얻어진다는 소식이 퍼지자 동리의 부호들은 물론 천신들까지도 다투어 공양을 올리려 했지만 존자는 일부러 동구 밖으로 멀리 나가 천민들이 사는 동리로 탁발을 나가곤 했다. 한편 가섭존자는 기회가 있을 때마다 학인스님들께 가능하면 천민의 마을로 탁발을 나가 천민들에게 공덕을 쌓을 기회를 주도록 하라고 권하기도 하였다.

이러한 가섭존자의 태도 때문에 그를 평하는 후세의 학자들이 존자를 반체제주의자로 낙인을 찍은 것이다. 그의 긴 수염과 어깨까지 내려온 머리도 역시 이러한 평을 정당화하기도 하였다.

팔리어본 열반경에 의하면 가섭존자는 부처님 열반을 7일이 지난 후에야 알게 되었다. 제자들과 함께 여행을 하다 잠깐 쉬는 동안에 외도인 운명론 철학파의 한 수행자가 하늘에서 쏟아졌다는 홍두나무 꽃을 가지고 오는 자를 만나 어디에서 그 꽃을 구했는가 물었더니 쿠시나가라에서 부처님께서 열반하신 후 하늘에서 내려왔다고 알려주었다.

또한 티베트본 불전에 의하면 마하가섭존자는 부처님의 열반을 이미 알고 있었는데, 얼마 전에 큰 지진이 일어났을 때 부처님 열반을 예측하고 있었기 때문이다.

마하가섭존자는 먼저 아자타샤스트루 궁전에 일하는 한 브라만을 궁전으로 보내 이 소식을 왕에게 알리게 하고는 파바 산을 넘어 쿠시나가라로 급히 내려갔다.

쿠시나가라의 말라족들은 아난존자의 지시대로 다비를 준비하고 다비장작에 불을 지피려 하나 나무에 불이 붙지 않았다. 그때 가전연존자가 말하기를 마하가섭존자가 도착하지 않아 천신이 다비를 미루고 있는 징조라면서 가섭존자의 도착을 기다렸다고 한다.

한편 중국에 전해진 불전에 의하면 부처님의 신통력이 마하가섭존자의 도착을 기다리게 했다고도 전한다.

마침내 다비장에 도착한 마하가섭존자는 부처님 발에 정중한 예를 표하자 부처님 발이 기적처럼 여러 겹의 천과 관을 뚫고 밖으로 뻗어 나왔다고 한다. 그리고 난 후 마하가섭존자는 다비나무에 불을 붙였다. 다비나무에 불을 붙이는 임무는 전통적으로 집안의 맏아들 몫인데, 마하가섭존자는 승단의 장자로서의 임무를 완수한 셈이다.

서양 불교학자 바로에 의하면 부처님 다비행사에서의 마하가섭존자 이야기는 아마도 기원전 3세기경에 불교 수도원의 율장 관계자들에 의해 쓰여진 것이 열반경에 삽입되었을 것으로 추측한다.

최초의 열반경에는 마하가섭존자는 부처님 다비식에 참석하지 않은 것으로 되어 있었는데, 후에 늦게 도착하여 다비 나무에 불을 붙인 이야기들은 모두가 후에 삽입된 것으로 보아 당시 가섭존자의 명성이 크게 알려져 있고, 그래서 승단의 지도자로서 그리고 부처님의 뜻을 이어갈 제자로서의 지위를 확고히 하기 위한 조치였을 것이라 주장한다.

제1차 결집

부처님이 열반에 드시고 마하가섭존자가 120세가 되었을 때는 아라한과에 든 승단원이 급격히 줄어들었는데, 그 가운데 수바다는 말하기를 이제 자유를 누릴 수 있게 되었다고 기뻐하였다고 한다. 주위에서 이러한 스님들의 태로를 지켜본 중견 비구스님들은 크게 경악을 표하고 장차 승단의 운명이 어느 편으로 기울지 의심을 갖게 되었다.

범어 아쇼카바다나 논장과 중국의 반야바라밀 해설서에 전하는 바에 의하면 이러한 승단의 해이해진 분위기에 크게 실망을 느낀 중견 장로비구들은 제자들 교육을 멈추고 차라리 조용히 열반에 들기를 원하였다고 한다.

이에 마하가섭존자는 크게 상황의 긴박함을 느끼고 마가다국 아자타샤스트루왕과 협의하여 제1차 결집을 개최토록 하였다.

제1차결집은 왕사성 뒷산 칠엽굴에서 개최키로 하였다. 칠엽굴은 수행자가 자주 모여 수행처로 또는 교육장소로 사용되었던 곳이다. (오늘날에는 죽림원에서 멀지 않은 곳에 있는 온천을 가로질러 산행길이 만들어지고 칠엽굴까지 낮게 꾸며진 계단이 이어져 성지순례자들이 어렵지 않게 다녀올 수 있다.)

부처님께서 열반에 드시고 첫 번째 우기안거를 지낸 후 500명의 아라한을 소집하였다. 아라한만을 소집한 이유는 아라한은 수행경지가 높아 사견(私見)이나 편파적인 세속의 타성에서 멀리 벗어나 경전결집에 순수성과 정확성을 기할 수 있다고 믿었기 때문이다.

이 당시 아난존자는 아직 아라한과를 득하지 못했기 때문에 마하가섭존자는 아난존자를 초청하지 않았다. 그러나 경전결집에서 아난존자의 참석은 절대적으로 필요하였다. 왜냐하면 당시 생존하는 제자 가운데 아난존자만큼 부처님 가르침을 기억하고 있는 분은 없었기 때문이다.

그러나 가전연존자가 아라한과를 득하지 못한 아난존자에 관한 경고도 있었고 해서 가섭존자는 아난존자의 초청을 미루고 있었다.

그러나 제1차 경전결집에 앞서 갖게 된 여러 가지 장애들은 모두가 기우로 끝났다. 경전결집이 있기 하루 전 날 밤 아난존자가 아라한과를 득하고 그 증거로 신통력을 빌려 다음날 아침 하늘길을 올라 결집장소로 내려와 자신의 자리에 앉았기 때문이다.

　다음 날 아침 결집이 시작되었다. 먼저 마하가섭존자가 우팔리존자에게 승단의 비구와 비구니들이 지켜야 할 계율에 관한 질문으로부터 시작하였다.
　계율에 관해서는 처음서부터 우팔리존자가 관여해 왔고, 부처님 생존 당시에는 새로운 계가 만들어질 때마다 우팔리존자가 참석하여 부처님의 자문(諮問)에 응했기 때문이다.

　이어서 아난존자는 "나는 이렇게 들었다"로 시작하여 부처님의 가르침을 때와 장소 그리고 참석자들을 열거하고 내용을 염송하면 499명의 아라한들은 이를 듣고 그 내용이 정확한지 그렇지 않고 잘못 된 곳이 있으면 이를 지적하여 바로잡는 형식으로 경전결집을 시행해 나갔다.
　어떤 불전에 의하면 제1차 결집에서 아비다르마(論藏)의 전신(前身)인 마트리카(Matrika, 새로운 지식을 낳을 수 있는 지식의 모음)가 결집되었다고 한다. 제1결집에서는 이 마트리카를 마하가섭존자가 500아라한과 함께 검토했다고 전한다. 불전에 의하면 마트리카는 사리불이 생존시 결집한 것으로 사리불과 함께 아난존자가 기억하고 있었다.

결집이 진행되는 동안 하나의 문제가 제기되었다. 부처님께서 열반에 드시기 전 아난존자에게 말씀하시기를 승단의 율장 가운데 중요치 않다고 생각되는 계율은 필요에 따라 파기하여도 무방하다 하셨다.

이 문제에 관해 참석한 아라한들은 여러 가지 가능성을 제기하였는데, 어느 것도 합의를 이루지 못하였다. 특히 마하가섭존자는 어떤 계율도 파기하는 것을 극구 반대하였다.

결집이 끝난 뒤 모두 결집 내용을 확인하고 인정토록 했는데, 그 가운데 푸라나스님과 가밤파티스님은 자신들의 의견을 후세에 남겨놓는 것을 원치 않았다. (가밤파티스님은 바라나시에서 부처님이 만난 야사의 네 친구 가운데 한사람으로 야사와 함께 출가한 사람으로 당시의 승단에서는 중견 장로비구로 이름이 알려진 분이다.)

제1결집에서 또 하나의 문제가 제기되기도 했는데, 이는 아난존자에 대한 경책(警策)이다.

마하가섭존자는 첫째로 아난존자가 비구니승단을 설립하는데 부처님께 강력히 권하여 허락을 받아 낸 것과,

둘째는 율장 가운데 중요치 않은 계율을 파기토록 하라는 지시에 관해 정확성이 불명료하다는 것과,

셋째 부처님 법의를 발로 밟은 일과,

넷째 부처님 열반 후 시신이 노출된 그대로 여인들로 하여금 시신 가까이 가서 조문토록 한 것 등이다.

아난존자는 이러한 내용에 대해 모두를 인정은 하나 이것들이 계율에 어긋나는 일은 아니라는 것을 강조하고, 그러나 승단의 화합과 장로비구스님들의 말을 존경하는 뜻에서 질책을 그대로 받아들인다 하였다.

역사적 정확성

제1차 결집 가운데 역사적으로 가장 정확한 내용은 이 결집을 주재한 분은 마하가섭존자라는 사실이다. 그러나 대승불교의 전신인 설일체유부와 근본설일체유부 그리고 마히사사카 학파가 전한 불전에는 당시 승단 내의 최연장자는 마하가섭존자가 아니고 교진여였다고 주장한다.

그러나 교진여는 부처님보다 20~30년 연장자 였기 때문에 부처님 열반 시에는 적어도 100살을 넘긴 분이었을 것이라 추측되어 경전결집과 같은 중차대한 불사를 집행 할 수 있었을까 의심을 제기하고 있다.

불전에 전해오는 전통에 의하면 제1차결집은 7개월이 소요되었다. 그러나 19세기 이후 여러 서양 불교학자들은 제1차결집의 역사적 확실성을 의심하기 시작하였다.

동양학 학자 미나에브는 주장하기를 부처님 열반 후 중견 장로비구들의 모임이 있었던 것은 확실하지만 여러 불전들이 전하는 것과 같은 훌륭한 결실을 맺은 결집은 아니었을 것이라고 한다.

또한 인도학자 올든버그나 불란서 불교학자 바로 같은 사람들은 아마도 제2차 결집 이후 제1차결집의 내용을 부풀려 기록해 놓은 것으로 인정된다고 주장한다. 왜냐하면 부처님 열반 당시 승단에는 긴박하게 해결하여야 할 문제들이 존재했던 것은 아니었기 때문이다.

그런가 하면 고고학자 피노교수나 인도학자 오버밀 같은 학자들은 제1차 경전결집의 역사적 확실성을 인정하는데 조금도 주저함이 없다고 강조하고 있다. 왜냐하면 제1차 경전결집 내용을 전하는 팔리어 불전과 범어 불전 사이에 어떤 차이도 없는 것으로 보아 설사 얼마간의 내용이 가미된 것이라 해도 제1차 결집에서 얻은 성과는 의문의 여지가 없다고 강조한다.

인도학 학자 곰브릭은 주장하기를 거의 모든 승원의 율장에 제1차 결집에 관한 기록이 남아있는 것으로 보아서 제1차 결집의 역사적 확실성은 뚜렷하다고 말한다.

여러 초기 범어 불전과 대승권 불교국가에서는 마하가섭존자를 부법조사 가운데 제1조사로 세우고 있으며, 가섭존자는 자신의 법을 아난존자에게 전하면서 당시 재가불자로 살고 있는 상나화수에게 법을 전하도록 하였다.

마하가섭존자로부터 아난존자에게 법이 전해진 것에 관해 학자들은 여러 가지 의문과 함께 이를 합리적으로 해석하려 시도하기도 하였다.

마하가섭존자와 아난존자는 사제간의 사이는 아니었다. 그러나 인도전통에 의하면 한 가족이 지니고 있는 가보는 집안의 장자에게 전해지고, 이 장자가 자신의 장자에게 계속해 가보를 전하는 전통으로 보아서 부처님께서는 두 제자 사이의 연령으로 보아 훨씬 연장자인 마하가섭존자에게 먼저 법을 전하고 후에 아난존자에게 전해주도록 지시를 했을 것이 학자들 간의 여론이다.

후에 마하가섭존자는 당시 재가불자인 상라화수를 출가시켜 제자로 삼은 후 말년에 자신의 법을 상라화수에게 전하도록 하였다.

부처님의 사리

5세기 쓰여진 디가 니카야(장아함)의 해설서에 의하면 최초에 부처님 사리가 여덟 부분으로 나누어져 각 부분을 봉안하여 탑을 세우고 경배하였는데, 마하가섭존자는 이렇게 부처님 사리가 넓은 땅 여기저기에 흩어져 있는 것은 옳은 일이 아니라고 생각하고 아자타사스트루 왕과 상의하여 모든 사리를 거두어 한 곳에 모시도록 하였다.

그래서 왕은 일체의 부처님 사리를 거두어 지하에 사리봉안 시설을 만들고 이름하여 80제자 사원이라 하였다.

그러나 부처님 열반 250여년 뒤에 아쇼카왕조시에 왕의 명에 의해 이를 다시 거두어 8400 부분으로 만들어 인도 뿐 아니라 중앙아시아 그리고 스리랑카 등 해외로도 반출하여 탑을 쌓고 경배토록 하였다.

이는 역사적으로 보아 제1결집 시 부처님 가르침이 한 곳에서 결집 되었으나 후에 이 말씀은 전 세계적으로 퍼져 나갔듯이 부처님 사리도 종국에는 한 자리에 모여졌으나 거의 같은 시기에 전 세계로 산개되어 탑이 세워지고 경배의 대상이 되었다.

초기불교의 불전에 보면 가섭존자는 살아 생전에 여덟 곳의 부처님 사리를 봉안한 탑을 전부 순례했다고 한다.

미륵부처를 기다리다

경전 결집 이후에 쓰여진 불전에 아바다나와 인도를 순례한 중국 스님들의 순례기에 보면 마하가섭존자의 타계에 관한 내용이 전한다.

일찍이 쓰여진 불전으로는 기원 4세기 경의 것으로, 마하가섭존자의 시신은 마가다국의 쿠쿠따파다 산에 모셔져 있는데, 미래불 미륵부처가 하생할 때까지 그곳에 머물러 있을 것이라 하였다.

태국에서 쓰여진 불전에 의하면 마하가섭존자는 명상을 통해 자신의 열반일을 아시고, 이 사실을 제자들에게 알리고 나서, 아침에 부처님으로부터 전해 받은 가사를 수하고 탁발을 나갔으며, 후에 주위에 있는 부처님 사리탑에 가서 경배를 한 후 돌아왔다.

그리고 난 후 아자타샤스투루 왕에게 인사를 드리러 했는데, 마침 왕이 잠에 들어 있어 그대로 돌아와서는 처소를 깨끗이 청소하고 쿠쿠따파다 산 쪽으로 가서 자신이 선택해 놓은 곳으로 걸어갔다.

처소를 떠나기 전에 재가불자들에게 법을 설하고는 신통력을 써서 쿠쿠따파다 산의 세 봉우리 가운데에 있는 굴 속에으로 들어가 부처님으로부터 받은 가사를 덮고 누웠다.

불전이 전하는 바에 의하면 존자의 신체는 변하지 않을 것이며, 미륵부처가 하생할 때에 가서 산화될 것이다 하였다.

후에 아자타샤스트루왕이 이 소식을 듣고 대단히 슬퍼하면서 마하가섭존자의 시신이라도 보기를 원했다. 그래서 아난존자와 함께 쿠쿠따파다 산 중앙의 굴 앞에 갔더니 굴의 문이 조금 열려있는데, 두 사람이 겨우 들어갈 수 있도록 되어 있었다.

이를 본 왕은 시신을 다비하기를 원했으나 아난존자는 이를 만류하고 마하가섭존자의 시신은 그대로 남아 미륵부처님의 하생시까지 기다려 산화된다고 일러주었다.

그래서 두 사람은 산에서 내려왔는데, 이때 굴의 문은 자동적으로 닫쳤다고 한다. 그후 250년이 지난 후 아쇼카대왕은 역시 마하가섭존자의 시신을 보기를 원하여 우파굽다 스님과 함께 쿠쿠따파다 산을 다녀왔다.

북부 인도 여러 곳에 쿠쿠따파다 산이란 이름을 가진 곳이 여럿 있다. 중국 스님 법현과 현장스님의 여행 기록에 보면 스님들이 그 곳을 갔을 때에는 많은 순례객들을 만나 볼 수 있었는데, 이는 당시에 마하가섭존자를 경배하는 소위 경배사상이 크게 발전되어 있었다는 증거이다.

6세기에 조성된 비석에는 굴 앞에서 미륵보살을 기다리고 있는 마하가섭존자의 상을 볼 수 있다. 존자는 부처님으로부터 받은 가사를 입고 머리에는 두건을 쓰고 있으며, 이것으로 보아 존자는 고타마 붓다의 후계자의 역할을 보여주고 있다.

한국 불교인들에 의하면 굴속에서 염불하는 스님이나 명상하는 스님을 볼 수 있는데, 이것 역시 미륵사상의 일부라 할 수 있다.

남방불교나 동남아불교에서는 미륵부처와 마하가섭존자와
의 흥미있는 관계를 보여주는 경배사상을 볼 수 있다. 이러한
현상은 특히 카사파왕 II세(652~661)와 카사파왕 V세 왕조
(929~939) 시대에 일어났던 일로 이는 제1차 결집 당시 남방
불교 아비다르마를 염송하는 마하가섭존자의 역할을 기리는
일련의 숭배사상의 일면이라 할 수 있다.

오늘날 마하가섭존자의 열반에 관해 태국불교에서는 인정
하려 하지 않고 있다. 태국에서는 전통적으로 오랜 수행을 쌓
은 스님은 열반 후 시신이 아주 순결하여 부패하지 않는다고
믿고 있기 때문이다.

학자들의 분석

초기 불교 불전에 의하면 마하가섭존자는 부처님의 가르침
을 보존하는 제자로 받아들여져 미륵부처를 기다리는 가섭존
자는 이러한 임무가 연장되었다는 것을 뜻한다.

초기 중국에서 쓰여진 불전에는 부처님 반열반 당시 열반을
지켜봤던 제자들은 모두 도솔천에 태어나 미륵부처님을 만나
보게 된다고 한다. 이러한 이야기는 굴 속의 마하가섭존자와
미륵부처가 관련된 굴 속 이야기가 연장된 것이라고 본다.

불교학자 뚜르니에는 말하기를 다음에 오실 부처님을 기다리는 마하가섭존자의 이야기는 아라한에게 보살의 옷을 입혀주려는 의식적 의도인 것으로 볼 수 있다. (초기 불교에서는 아직 성불사상이 발전되기 이전이었으나 마하가섭존자와 같은 높은 수행을 쌓은 수행자는 이심전심을 통해 부처님으로부터 성불의 가능성을 전해 받았는지도 알 수 없다. 역자주)

대승권에서의 마하가섭존자

보편적으로 가섭존자의 이야기가 대승경전과 불전에 자주 나타나는 것은 가섭존자의 보수적 경향때문이라고 학자들은 말한다. 부처님이 제시하신 근본불교 이념을 이어받은 가섭존자의 사상은 중국의 선불교 발전에 커다란 힘이 되었다.

중국의 선불교 전통에 의하면 부처님의 이심전심의 가르침을 전해 받은 가섭존자는 선불교의 교외별전의 불전 전통의 정통성에 주체성을 확립하여 놓았다고 한다.

이렇게 해서 발전된 것이 직접적 체험을 중심으로 하는 불교 발전이 중국에서 꽃을 피우고 이것이 가섭존자가 체험한 방법으로 중생을 교화하는 선정수행을 통한 종교의 기초가 되었다고 학자들은 말한다.

이렇게 전해진 부처님의 법은 인도에서 가섭존자를 제1조사로해서 수 백년을 지나 보리달마가 이 법을 가지고 중국으로 건너와 법을 전하니 이 것이 중국 땅에서 꽃을 피우고 중국선종의 열매를 맺게 되었다.

　왕사성 영축산에서 설하신 부처님의 영산회상 이야기는 11세기에서 14세기까지 그 전말이 기록되어 있다. 이렇게 천년이 넘게 영산회상의 이야기가 오래 계속되어 온 것은 아마도 찬란하게 핀 꽃의 향기가 지나치게 강하여 중국 선종의 수행자까지는 그 진가를 의심하기에 이르렀기 때문일 것이라고 역사가들은 말한다.
　결국 염화미소의 에피소드를 담은 영산회상 이야기는 동서양을 통해 크게 전파되었고, 염화미소로 상징된 이심전심의 불교는 수 없이 많은 불전을 통해 그 정확성과 진실성이 확인되었다.

　부처님의 많은 제자 가운에 가장 잘 알려진 마하가섭존자는 불교의 초기 신비사상의 최고 이상으로 구체화되었다.

　이렇게 해서 출가수행을 위주로 했던 초기불교를 마하가섭존자의 고행주의자적 내핍생활과 여인들을 멀리한 측면을 읽어 볼 수 있는가 하면,
　아난존자를 통해 설명되는 개방적이고 평등화된 그리고 여성불자들과 손을 잡고 법을 펴나간 불교의 다른 측면으로 불교역사를 읽어 갈수도 있다고 본다.

인도 보디가야에 모셔진 마하가섭존자상

☸ 아난다존자

〈아난다존자〉

아난다존자의 칭호 문제

이곳 아난다존자의 이야기에서 존자의 이름을 '아난'으로 줄여 표현키로 한다. 아난다 보다는 아난이 우리에게 퍽이나 친숙한 이름으로 다가오기 때문이다. 아난다존자라는 칭호가 글을 번역해 가면서도 어색하게만 느껴져 독자의 공감을 불러일으키기 위해서도 그냥 '아난'으로 줄여 '존자'의 칭호와 함께 사용하였다.

아난존자는 부처님을 오랫동안 시봉한 분으로, 부처님 열 큰 제자 가운데 한 분이시다. 부처님의 여러 제자 가운데서도 가장 기억력이 우수한 분으로 그의 출중한 기억력은 여러 곳에서 뚜렷하게 드러났다.

불교 3장 가운데 제1차 결집시 엮어진 근본불교 경장 특히 남방불교의 니까야 그리고 북방불교의 아함은 거의 모두가 아난존자의 기억을 통해 염송된 부분이 통합되어 정리되었다가 아쇼카대왕 당시 오늘날 스리랑카로 전해져 그곳에서 문자화 되어진 것이다. 이때문에 아난존자를 사람들은 부처님 가르침(다르마)의 보존자라 부르기도 한다.

초기불교의 기록에 의하면 아난존자는 부처님의 사촌이다.

아난존자의 어린시절 이야기에 관해서는 서로 어긋나는 내용들이 여러 불전에 나타나기는 하지만 한 가지 확실한 것은 그의 처음 스승은 마이트라야나풋트라였다.

아난존자는 부처님 45간의 포교기간 동안에 거의 20년을 넘게 시봉한 분이다. 부처님은 손수 아난존자를 시봉자로 삼으셨고, 존자는 주어진 임무를 헌신적으로 충성심을 가지고 시행하였다고 전한다.

아난존자는 부처님과 재가불자간 그리고 부처님과 승단간의 중재자 역할을 담당하였으며, 부처님께서 열반하실 때까지 보조자로, 비서로, 그리고 대변인으로서의 역할을 훌륭하게 수행하였다.

후에 불교학자들은 제1차 결집 당시 아난존자의 역할과 그당시 일어났던 일에 관한 역사적 사실에 관해서 여러 의문을 제기하고 있으나 현재로서는 오직 초기 불교경전과 해설서, 그리고 결집 이후의 역사적 불전에 의지하고 있다. 아난존자의 큰 역할 가운데 하나는 비구니승단을 설립하고 부처님의 의붓어머니인 마하프자파티 고타미가 계를 받을 수 있도록 부처님의 허락을 받아내는데 앞장선 일은 역사적 사실로 받아들인다.

아난존자는 부처님의 후기 인생을 같이 했으며, 열반시까지 항상 곁에서 시봉하였다. 특히 부처님께서 승단운영을 위한 후계자를 지명하시지 않았기 때문에 열반에 드시기 위해 바이샬리에서 열반지 쿠시나가라까지, 그리고 쿠시나가라에서 지낸 마지막 시간까지 부처님께서 하신 말씀 하나하나가 유언으로 간주되어 후세에 전해졌다.

쿠시나가라에 와서 하신 말씀 가운데는 무엇보다 출가자 모두가 부처님의 가르침과 계에 의지해서 수행해 나갈 것을 강조하셨다. 부처님과는 35살의 나이 차가 있는 아난존자에게는 부처님의 열반을 오직 커다란 슬픔만으로 받아들였다는 사실이다.

부처님 열반 후 얼마 후에 제1차 결집이 마가다국 아자타샤스트루 왕의 후원과 마하가섭의 지도하에 500아라한이 모여 왕사성 칠엽굴에서 시행되었다. 이 자리에 모인 부처님 제자들은 모두 아라한과를 득한 수행자였는데, 아난존자는 결집 직전에 아라한과를 득하고서야 비로소 결집에 참여하고, 부처님께서 하신 말씀 하나하나를 염송함으로써 불교역사상 최초의 경전결집이 이룩되었다.

전하는 바에 의하면 이 자리에서 마하가섭존자는 아난존자가 부처님을 시봉하는 동안 범한 여러 잘못을 지적하기도 하였다. 그 가운데 중요한 것은 부처님께서 여러 번 거절하였는데도 불구하고 계속 간청하여 마침내 비구니승단 설립에 관한 허락을 받아낸 것이 크게 지적되어 있다.

아난존자는 부처님 열반 후에도 계속해서 수행자들을 가르쳤는데, 타계 전에 사나바시(Sanavasi, 상나화수)에게 법을 전했는데, 상나화수는 제2차 결집에 참여하기도 하였다. 아난존자는 부처님 열반 후 20년 후에 타계하였다고 한다.

아난다존자는 초기불교 당시 가장 큰 사랑과 존경을 받은 부처님 제자로 알려져있다. 그의 출중한 기억력과 해박한 지식 그리고 자비심에 관해서는 부처님께서 늘 칭찬하였고, 이에 관한 한 항상 부처님을 시봉하기에 손색이 없는 시자로 인정되었으나 세속에 대한 집착이 아직 남아있어 아라한과에 드는 깨달음까지는 이룩하지 못했다.

부처님의 법이 제일 먼저 마하가섭존자에 전해지고, 그로부터 다음 아난존제에게 전해졌다. 그러나 비구니 승단에서는 중세기 초부터 아난존자를 크게 존경해 왔으며, 근세에 와서는 독일 작곡가 바그너가 그를 모델로 해서 오페라 한편을 작곡했고 인도 시인 타고르는 그를 기리는 짧은 희곡을 남겨놓기도 하였다.

이름 아난다(Ananda)

존자의 이름 '아난다(Ananda)'란 범어 '지복의 기쁨'이란 뜻으로 범어와 팔리어가 동일하다. 이 이름이 지어지기는 아난존자가 부처님 성도일에 태어났기 때문이라고 한다. 부처님 성도일은 온 세상의 중생이 기뻐하는 날이고 보니 이날 태어난 아난존자는 '지복의 기쁨'이란 이름을 얻기에 충분하다 할 것이다.

해설

전해오는 불전에 의하면 아난존자는 전생서부터 부처님을 시봉하게 될 것을 원했다. 석가모니 부처님 이전 스물일곱 분 가운데 열세 번째 연화상불(蓮花上佛, Padumuttara Buddha) 당시에 살았던 아난존자는 연화상불의 시자를 만나 자신도 후생에 태어나면 부처님을 시봉할 수 있기를 원하였다. 이에 아난다는 계속해서 선행을 통해 공덕을 쌓아가는 중에 연화상불로부터 다음 생에 부처님 한 분을 만나 시봉할 수 있는 서원이 이루어 질 것이라는 수기를 받았다.

그 후 여러 생을 윤회하다 석가모니 부처님 생전에 이 세상에 태어나 전생의 서원이 이룩된 것이다.

어린 시절

이렇게 해서 아난은 석가모니 부처님 생전에 같은 가빌라국 숫도다나왕의 왕궁에 태어났다. 불전에 의하면 아난은 숫도다나왕의 동생 아므리토다나의 아들로 태어난 것이다.

대사(大事)에 전하는 바에 의하면 아난존자의 어머니는 므리기(어린사슴)로 싯달다 왕자가 정각을 얻는 날 태어났다고 한다. 그래서 석가모니 부처님과 아난존자 사이에는 36년이라는 나이 차가 있다.

후에 쓰여진 불전 여러 곳에서 부처님께서는 아난존자에게 늙어지면 몸과 마음에 어떤 일이 일어나며 젊은 아난존자와 늙은 자신의 몸과 생각의 차이가 어떻게 해서 일어나는지를 설명하고 있다.

얼마 후에 쓰여진 불교 장로비구스님들의 시를 모아 엮은 장로비구 게송집에서 아난존자는 부처님 밑에서 20년 간을 공부했고, 다음 25년 동안을 시봉하였노라 적고 있다.

팔리어로 쓰여진 화지부(化地部)와 법장부(法藏部)에 속한 불전에 의하면 아난존자는 부처님 포교 2년째 되는 해에 당시 카필라바수트 성에 사는 석가족의 왕자들과 함께 계를 받았다. 이때 아난은 다른 왕자들과 함께 부처님으로부터 직접 계를 받은 석가족의 일원이다. 수계식은 말라족의 마을 밖에 있는 아누피아 망고숲에서 거행되었다.

그러나 대중부 불전에 의하면 석가모니 부처님 아버지 되는 숫도다나왕은 브라민 보다는 더 많은 샤트리아계급의 자제들이 출가하기를 원하였으므로 아난은 이 기회에 형 데바닷다 보다는 어린 자신이 출가하기를 원했다고 한다.

그러나 다른 불전인 근본설일체유부의 장로비구 게송모음집에 의하면 아난은 부처님 포교 25년 차 되는 해에 계를 받았다고 전해오기도 한다.

또 다른 불전에는 아난존자의 형 데바닷다가 이미 출가를 했으므로 동생 아난이 출가하는 것을 어머니 되는 므리기는 원치 않았다고 한다. 아난존자는 이러한 어머니의 주장에 불만족을 나타내고 비데하로 옮겨 그곳에서 무언의 생활을 하면서 출가하기를 고집했는데, 이 때문에 때로 아난존자를 비데하무니 (Videha-muni) 즉 무언(無言)의 비데하인 이라 부르기도 했다.

아난존자의 아버지는 아들의 출가를 위해 니그로다라마 수도원에 큰 잔치를 베풀고 화려한 수계식을 거행하였다. 이때 계사로는 초전법륜경에 나오는 다섯 비구 가운데 한 분인 다사블라 가시아파였다. 그리고 아난다의 스승으로는 베랏트하시사와 푸나 만타시붓따로서 이 두 스승이 아난다가 불환과에 이를 때까지 지도하였다. 후에 아난존자는 푸나 만타시붓따 스승에게 감사를 표하는 말을 남겼다.

또 한 분 아난존자가 자신의 일생에 크게 빚을 진 분으로 사리불을 꼽고 있다. 사리불은 물론 부처님의 수제자로 승단을 이끄는데 커다란 일을 한 분이다. 사리불은 아난이 수행인으로서 성장하는데 커다란 도움을 주었으며, 스승으로 그리고 친구로 아난존자가 크게 의지해 온 분이었다. 그래서 매사를 사리불과 의논한 흔적들이 잡아함 여러 곳에 보인다.

근본설일체유부의 불전에 의하면 아난존자가 제1차 결집시 아라한과를 득하지 못해 참석하지 못하고 실망에 빠져 있을 때 크게 도움을 준 바지뿟다 스님에 대해 감사를 표했다고 한다.

바지뿟다는 바이샬리에 사는 리차비족의 한사람으로 바이샬리에 들린 부처님을 뵙고 크게 감동하여 출가했는데, 실망에 빠진 아난존자를 보고 권하기를 재가불자들과 너무 사귀지 말고 많은 시간을 명상수행에 바치도록 조언하여 이를 따른 아난존자가 마침내 아라한과를 득하고 제1차 결집에 참석할 수 있었다.

부처님의 시자가 되다

정각을 얻으신 부처님께서 포교를 하신 지 20년이 되는 해 부처님 나이 55세까지는 여러 제자들이 돌아가면서 시봉을 맡아왔다. 그러나 부처님의 건강이 쇠약해 지면서 젊은 시봉자를 필요로 하자 부처님께서 제자들에게 주위에서 항상 시봉을 맡아 줄 젊고 부지런한 사람을 선발토록 하였다.

이에 여러 사람들이 나타나 시봉을 자원했지만 부처님은 모두 거절하셨는데, 이때까지도 아난은 말 없이 침묵만 지키고 있었다.

주위 여러 사람들이 아난에게 부처님 시봉을 자원할 것을 권하자 아난다는 부처님 자신이 누구를 원하는지 잘 알고 계실 터이니 모든 것을 부처님께 맡기라고 하였다. 이 말을 들은 부처님은 곧 아난다를 지명하여 시봉할 것을 원하셨다.

이에 아난존자는 부처님의 원에 따르겠으나 몇 가지 조건이 있었다. 첫째는 자신이 부처님을 시봉하는 동안 어떤 형태의 물적 특혜도 원치 않으며, 만약 물적 혜택을 받는다면 그것을 목적으로 부처님 시봉을 자원했다 비난을 받게 될까 두렵다는 것이다.

둘째 사람들이 부처님의 이름으로 자신을 초청했을 때 이를 수락토록 할 것이며,

셋째 부처님 가르침 가운데 이해가 되지 않는 곳은 질문토록 할 것이며,

넷째 자신이 없는 사이에 부처님이 가르침을 펴셨으면 그 법문을 반복해 줄 것 등이다.

이러한 조건들을 부처님이 허락하신다면 사람들이 부처님과 아난이 서로 마음이 잘 맞는다고 생각할 것이기 때문이다. 더욱이나 부처님께서 이러한 조건을 들어 주신다면 자신이 보다 잘 부처님을 시봉할 수 있을 것이라 생각한다 하였다.

부처님은 이러한 아난존자의 조건을 들어 주시고 그 후부터 계속해서 열반에 드실 때 까지 거의 모든 여행을 함께 하시고 생활하였다.

아난존자는 부처님의 일상생활에 필요한 일들 즉 필요한 물을 준비한다든지 처소를 청소한다든지 하는 일은 물론 매사를 미리 예측하고 필요한 것을 필요한 곳에 마련하는 것 등을 시작으로 저녁에 처소를 경비하는 일까지도 맡아 했다.

또한 아난존자는 부처님의 말동무도 되어 주었고, 이렇게 해서 다음 25년 동안의 부처님 말년을 함께 하였다. 부처님 말년은 실로 일이 많았다. 포교지역이 넓어졌고 초기 포교기와는 달리 행사도 엄청나게 늘어났으며, 많은 사람들을 만나 이야기도 나누어야 했고 도움을 청하는 사람들도 그 수가 헤아릴 수 없이 늘어났다.

이렇게 바쁜 포교활동 기간 동안에 부처님과 아난존자 간은 서로 믿고 의지하여야 했다. 부처님께서 몸이 편찮으시면 아난존자도 동병상련의 병에 걸리기도 하였다. 부처님께서 말년에 신체적으로 몸 움직임이 불편해 오자 아난존자는 보다 헌신적인 노력으로 시봉하였다.

아난존자는 스승의 목숨을 위해서는 자신의 목숨도 개의치 않았다. 한때 데바닷다가 부처님을 살해하기 위해 난폭한 코끼리를 부처님 계신 곳으로 몰자 아난존자는 코끼리 앞을 막아섰다. 이에 부처님께서 아난존자에게 옆으로 물러서라 소리쳤으나 움직이지 않자 부처님은 신통력으로 아난존자의 몸을 들어 옆으로 옮기고 자신에게로 달려오는 코끼리에게 손을 내밀어 머리를 다독여 주자 곧 순한 코끼리로 변하면서 무릎을 꿇자 다정한 목소리로 코끼리를 달래었다.

아난존자는 비서로서 또는 중재인으로서 부처님의 소식을 밖으로 전해주고, 부처님께는 밖의 소식을 또는 재가불자의 공양 초대 같은 일을 조절해 주며, 승단에 전해주는 선물에 관한 내용 그리고 재가불자들의 어려움을 전해주기도 하였다.

한때 부처님의 의붓 어머니 마하프자빠띠께서 부처님께 손수 수하시라고 법복을 만들어 보내오면서 자신은 싯달다왕자를 아들로 양육하기는 했어도 손수 무엇을 만들어 드린 적이 없어 이번에 손수 법복을 만들어 보내니 부처님 자신이 꼭 수하실 수 있도록 권하였다.

이에 부처님께서 말씀하시기를 법복을 승단으로 보내서 승단에 필요한 사람이 수하도록 하라 하시자 아난존자는 여러 번 부처님께 간하여 이번만은 법복을 손수 수하시도록 간청하자 이를 받아들이기는 하였으나 이후부터는 보시는 그 내용물이나 받는 사람이 중요한 것이 아니라 보시의 행이 중요한 것이라고 강조하셨다.

때로 부처님은 아난존자에게 부처님 대신 법문을 하도록 하기도 하였는데, 법문이 끝나면 부처님은 아난존자의 법문을 칭찬하시기도 하였다.

특히 부처님은 코살라국 파세나디왕의 말리카왕비나 베나레스 왕국의 사마바티왕비 또는 주위에 있는 귀족들의 부인들을 위해서는 아난존자가 가서 법문을 들려줄 것을 지시하였다.

한때 아난존자는 우데나왕의 여러 후궁을 위해 법문을 해 주었는데, 후궁들이 훌륭한 법문을 듣고 감격하여 500벌의 법복을 선물로 주었다. 이를 받은 아난존자를 본 우데나왕은 혼자 생각하기를 아난존자는 무척이나 욕심이 많은 스님이구나 생각하자, 이를 알아차린 아난존자가 우데나왕에게 500벌의 법복이 승단의 스님들에게 전해지면 입고 빨아서 또 입고하여 멀지 않아 모두 마모되어 쓸모가 없게 될 것이라 말하자 왕은 즉시 다시 500벌의 법복을 아난존자에게 공양하였다고 한다.

또 하나 아난존자가 베살리에 사는 리차비족을 위해 행한 기적같은 이야기가 오늘날까지 전해온다. 부처님께서는 아난존자에게 '보호 보석경(Paritta Ratana Sutta)'을 가르쳐 주었는데, 한때 바이샬리에 3재(災)가 들어 부처님을 초청하여 도움을 청했다. 이에 부처님께서는 아난존자에게 지시하여 저녁에 발우에 청수를 담아 바이샬리 성을 돌면서 물을 뿌리며 보석경을 염송토록하였다. 이로 인해 곧 역병과 함께 가뭄 그리고 악귀가 모두 퇴치되었다.

또 하나 오늘날 우리가 자주 사용하는 어휘 가운데 하나가 선지식(善知識)이다. 한때 아난존자가 법문을 하면서 부처님께서는 정신적인 친구를 양우(良友) 또는 선우(善友)라 하는데 이는 수행의 반이 이 선지식을 통해 얻어진다 하셨다고 말했다. 이 말을 들은 부처님께서는 말씀하시기를 실은 수행의 전부가 이 선지식을 통해 얻어진다고 고쳐 주셨다.
선지식을 팔리어로 Kalyana-Mitta라 하는데, 뜻은 덕향(德

좁)을 풍기는 친구로, 수행의 완성은 이러한 여러 선지식을 통해 완성된다고 하셨다. 선지식에 관한 이야기는 화엄경, 유마경, 관무량수경 등 여러 경전에 나온다.(역자)

유혹을 뿌리치다

아난다존자는 얼굴이 수려하고 맑아 누가 보아도 훤칠한 미남이었다. 이 때문에 여러 비구니들이 그와 함께 시간을 보내고자 병을 핑계하고 병문안을 해주기를 기대하기도 하였다. 때로 이러한 비구니가 자신의 잘못을 깨닫고 후에 잘못을 참회하는 이야기가 여러 곳에 전한다.

한때 마등가천민(巫俗賤民)의 여인 프라크리티가 아난을 한번 보고는 그만 사랑에 빠져 어머니 무녀(마등이)에게 청하여 아난에게 마법(魔法)을 걸어 자신의 집으로 유혹토록 하였다. 마법에 걸린 아난존자가 마등가의 집에 도착했을 때야 비로소 부처님께서 아시고 마법을 제하고 아난의 정신을 돌려놓았다.

그후 부처님은 프라크리티를 불러 꾸짖고 인간의 탐심이 불러올 고통을 설명하자 프라크리티는 크게 깨닫고 출가하여 비구니가 되었다. 대승권에 전하는 능엄경에는 부처님께서 문수보살을 시켜 아난존자를 구제케 한 후 아난존자에게 불성에 관한 법문을 해 주셨다고 설해있다.

비구니승단의 구성

아난존자의 임무 가운데 하나는 재가불자의 요구사항이나

청을 들어 부처님께 전하는 중재자 역할이었다. 때로 승단생활의 규칙이 실생활과 괴리되는 점이 있으면 이를 부처님께 간하여 수정토록 하였다.

초기 경전에 보면 부처님께서 가르침을 펴신 지 15년이 되는 해에 마하프라파티 부인이 부처님을 방문하고 최초의 여자로 비구니계를 내리도록 요청했다. 이에 부처님께서는 단호히 거절하였다.

그 후 5년이 지난 해에 다시 부처님을 방문하였다. 이때에는 부처님의 부인이었던 야소다라도 함께 왔다. 이 두 여인은 거의 500리를 걸어왔기 때문에 몸은 피곤하고 마음은 실망에 빠져 어찌할 바를 몰랐다. 이러한 광경을 지켜본 아난은 부처님께 묻기를 이와같은 중생도 각을 얻을 수 있겠는가 질문하였다. 이러한 사정을 잘 알고 있는 부처님은 이번에도 역시 대답은 부정적이었다. 아직 석가족의 여인들이 출가하여 비구니가 될 수 없다 하였다.

그러나 아난존자는 물러나지 않았다. 아난존자는 계속해서 부처님께 여쭙기를 마하프자파티 부인이 갓난 아이로부터 시작하여 성인이 될 때까지 온갖 정성을 들여 부처님을 길러주셨으며, 또한 과거불들도 비구니승단을 이루고 있었다는 사실을 지적하여 계를 내려 줄 것을 간청하였다.

이러한 아난존자의 간청에 부처님께서는 마침내 비구니승단의 설립을 허락하였는데, 이와 함께 비구니 8경계법(八敬戒法)을 정하고 비구니들은 이 계를 잘 지켜나갈 것을 명하셨다.

일본 불교학자 레이고 오누마 스님은 말하기를 부처님께서 비구니승단의 설립을 허락한 것은 오직 양어머니에 대한 고마움에서 비롯되었을 것이라고 생각한다 하였다.

몇몇 서양불교학자들은 고집하기를 이러한 역사적 사실로 보아 부처님은 처음서부터 여인들의 출가를 원치 않으셨다고 주장하기도 한다.

서양의 인도학자이며 번역가 호너교수에 의하면 이는 오직 아난존자의 고집스러운 간청에 의해 부처님이 계를 허락하셨다는 것이다. 부처님 생전을 통해 이 사건 이외에는 부처님께서 한번 결심한 내용을 번복하신 적은 어느 곳에서도 찾아 볼 수 없다는 사실에 근거하고 있다.

그러나 한편 여러 불교학자들은 이 사건에 관해 의견을 달리하고 있다. 첫째로 마하프자파티 부인의 수계신청을 거절한 이유는 아직 출가자로서의 마음의 준비가 채 되지 않았기 때문이었을 것이며, 두 번째는 동양의 전통적 태도로써 중요한 사건에 관한 일이라면 적어도 세 번의 기회를 통해 재고를 하는 소위 삼고초려(三顧草廬)의 관습에 따른 것이고, 일체종지를 지니신 부처님께서 중간에 마음을 바꾼 것은 아니라는 것이다. 이러한 예는 대승경전 여러 곳에서 발견할 수 있다.

결론은 일단 부처님께서 비구니승단 설립을 허락하시면서 비구니승단의 설립으로 인해 정법기간이 단축될 것을 염려하여 하나의 방책으로 8경계법을 제정하셨다는 것이다.

불전에 전하는 바에 의하면 비구니승단의 설립에 아난다존자의 역할을 잘 알고 있는 비구니들에게는 아난존자의 명성은 대단히 높았다.

한때 마하가섭이 아난다존자에게 비구니승단에 관해 많은 관심을 기울일 것이 아니라 본인의 수행에 보다 전심하라고 권하자 비구니들이 앞서서 아난존자를 옹호하고 나서기도 하였다.

독일 불교학자 오스카 본 힌우버교수에 의하면 이 때문에 아난다와 마하가섭 사이에 여러 번 부딪친 일이 있었다. 특히 제1차 경전결집 당시 마하가섭이 아난다존자가 저지른 여러 잘못을 들어 경책한 기록이 남아있다.

부처님의 열반

아난존자가 20년을 넘게 부처님과 함께 생활하며 시봉하였으나, 부처님 열반 시까지 아라한과를 득하지 못하고 있었다. 이 때문에 도반의 한 사람이었던 우다이스님이 아난존자를 조롱한 적도 있다고 기록은 전하고 있다.

그러나 부처님께서는 오히려 우다이스님을 책하시면서, 아난은 머지 않아 아라한과를 득할 것이라 말씀하신 적이 있다. 근본불교 열반경에 의하면 부처님께서 반열반에 드시기 전 거의 일년 동안을 아난존자와 함께 왕사성에서 바이샬리를 거쳐 쿠시나가라까지 여행하신 적이 있다.

부처님과 일행이 쿠시나가르에 도착하기 전 바이샬리의 동리 밖에서 여름 안거를 지내기로 하였다. 이 해에 가뭄이 들어 동리사람들이 기근에 허덕이고 있었다. 80세에 드신 부처님께서는 안거기간 동안에 승단원들과 다시 한번 말씀을 나누시기를 원하셨는데, 실은 부처님께서 질환에 걸려 고생을 하고 계셨기 때문에 시봉하는 아난존자는 물론 제자들은 근심에 빠져 있었다.

이때 제자들이 모인 자리에서 부처님은 주먹을 쥔 손을 보이면서 의례 스승들이 이렇게 무엇인가를 숨기고 있는 것처럼 알지만 자신은 자신이 알고 있는 것은 모두 가르쳐 주었노라 하시고 지나치게 지도자나 특히 부처님께 의지하지 말 것을 강조하시면서 저 유명한 自燈明 法燈明 즉 붓다가 이 세상을 떠난 후에는 자신의 수행과 붓다의 가르침에 의지하여 살라 하셨다.

불란서 불교학자 안드레 보로 교수는 위에 설명된 내용에 관해 다음과 같이 말했다.

"앞의 설명은 근본불교 열반경처럼 오래된 경전 이전에 쓰여진 다섯 불전의 내용에는 서로 다른 점이 있기는 하지만 그러나 부처님과 아난 간에 존재했던 순수한 감정을 보여준 한 편의 아름다운 일화로 간주한다. 이러한 감정들은 후에 여러 제자들이 부처님을 한 사람의 인간으로서 그리고 한점의 결점도 없는 고귀한 마음의 소유자로, 또한 어느 다른 스승보다도 가장 존경할 만한 분으로 알고 귀의했다고 본다.

부처님 열반 후 얼마되지 않아 아난존자가 대중 앞에 나와 자신의 기억을 되살려 같은 이야기를 전했을 때 이를 들은 제자들은 아마도 당시 부처님의 진실하고 솔직한 마음을 읽으려 노력했으리라."

같은 경에서 부처님은 여러 차례에 걸쳐 자신의 신통력의 힘을 빌려 중생을 위해 영겁 동안 수명을 늘려 이 세상에 머무를 수도 있으나, 그러나 이러한 신통력은 누군가에 의해 요청되어야 한다 하셨다.

이때 아난존자는 이러한 부처님의 말씀을 정확하게 이해하지 못하고 부처님을 잃는 슬픔에만 잠겨있었다. 후에 이 부처님의 말씀을 이해하고 영겁을 사실 것을 간청했을 때에는 이미 죽음의 사자 마라가 왔다 간 후였다. 그래서 부처님은 3개월 후에 열반에 드시기로 작정하셨다.

아난은 이 말을 듣고 너무나 슬퍼 크게 울기 시작하였다. 이를 본 부처님은 아난을 위로하면서, 그는 훌륭한 시봉자로 그리고 대중들이 무엇을 원하는지를 잘 알아차려 도와주는 수행자라 칭찬하시고, 머지 않아 아라한과를 득할 수 있다 하셨다.

그리고는 부처님은 "모든 만들어진 것은 멸한다. 역시 모든 인간은 그 수명의 장단은 있어도 종국에는 죽는다" 하셨다.

유사한 일화가 잡아함에도 전한다. 한때 아난이 부처님 처소에서 부처님 어깨를 안마하며 주름잡힌 팔을 보고 부처님을 위로하자 부처님께서 아난을 옆으로 당겨 앉히고는 "아난아, 사람은 태어나면 늙는단다. 그리고 종국에는 죽는단다" 하셨다. 이 말을 들은 아난은 어찌할 바를 몰라 하였다.

부처님 일생의 마지막 며칠은 아난과 그리고 제자들과 함께 쿠시나가라로 향했다. 쿠시나가라에 도착한 부처님은 아난에게 명하여 자신이 마야부인으로부터 탄생할 때처럼 살라나무 사이에 누워있을 수 있도록 자리를 마련하라 하시고는 말라부족의 촌장들이 부처님께 마지막 경의를 표할 수 있도록 그들을 초청토록 하라 지시하였다.

  일을 마치고 돌아온 아난존자는 부처님께 부처님 열반 후 시신을 어떻게 장사지내야 되는가에 관해 질문을 하였다.

  이에 부처님께서 말씀하시기를 아난존자는 장례에 관여하지 말 것이며, 모든 것을 말라족에게 맡기라 하셨다. 후에 불교학자들은 이러한 부처님의 태도를 여러 면으로 해석하였는데, 첫째는 승단은 장례식 같은 일에는 관여해서는 아니 되며, 둘째는 탑 숭배사상 같은 신앙형태의 발전을 기피하셨다는 것이다.

  그러나 불교학자 그레고리 슈펜교수는 지적하기를 아마 이때 부처님 말씀은 오직 부처님 장례식에 한해서 하신 말씀이었을 것이라고 했다. (이 당시에는 부처님 다비식과 같은 대사를 주도할만한 중견 제자들이 이미 타계하였고, 마하가섭마저 멀리 떠나 있었기 때문이다. 역자주)

  또한 팔리어본 열반경에 설명된 부처님 장례의식에 관한 내용은 후에 발전된 것으로 아마도 이것이 얼마 후에 열반경에 삽입되었을 것이다 라고 슈펜교수는 주장한다.

  계속해서 아난존자는 부처님 열반 후 제자들이 어떻게 부처님을 경배하여야 하는지에 관해 묻자 부처님은 자신의 생전에

네 곳이 가장 중요하다고 생각했다고 하시면서 부처님을 기억하기 위해서는 이 네 곳을 순례토록 하라 하셨다. 그 네 곳이란 부처님이 탄생하신 룸비니동산, 각을 얻으신 보디가야, 처음으로 법을 설하신 녹야원, 그리고 열반에 드신 쿠시나가라이다.

부처님께서 반열반에 드시기 전 아난존자는 또 부처님께 권하기를 쿠시나가라 보다 한결 큰 도시로 옮겨 그곳에서 열반하신다면 보다 훌륭한 장례식을 치러드릴 수 있다 하자 부처님께서 대답하시기를 이곳 쿠시나가라도 한때는 왕국의 수도였었다고 하셨다.

마지막으로 아난존자는 누구를 스승으로 해서 수행을 해 나갈 것인가에 대한 질문에 대한 답변은 역시 자등명 법등명 즉 자신의 마음과 부처님의 가르침에 의지해서 수행해 가라 하시면서 이제 승단은 물론 승단을 구성하고 있는 출가자들은 누구에게 의지하지 않고도 충분히 독립하여 수행해 갈 수 있다고 믿는다 하셨다.

끝으로 아난에게 몇 가지 말씀을 남기셨는데 그 가운데 하나는 부처님의 마부 찬다카는 자만심이 강하니 스님들이 가까이 하지 말도록 하라 하시면서, 누구든 알고 싶은 일이 있으면 질문을 하라 하니 아무도 입을 열지 않았다. 이에 아난존자가 기뻐하면서 말하기를 모든 제자들이 부처님 가르침을 의심없이 이해한다 하니, 이러한 아난의 말은 믿음에서 나온 것이지 선정의 지혜에서 나온 말은 아니라고 마지막으로 책하셨다.

부처님께서 반열반에 드는 동안 옆에서 지켜보고 있던 가전연은 신통력을 통해 당시 부처님 선정의 경지가 어디에 있는지를 알아 볼 수 있었으나 그렇지 못한 아난존자는 이를 알아 볼 수 없었다.

부처님께서 반열반에 드신 것이 확인되자 아난존자는 일어난 여러 상황과 분위기를 경험하면서 긴박감(samvega)을 나타내는 게송을 읊었다.

> "땅이 흔들리는 지진은 참으로 두려워라,
> 머리카락이 쭈뼛 서는구나.
> 모든 것을 성취하신 부처님께서
> 반열반에 드시는 길이려니."

제1차 결집이 끝난 후 아난존자는 춘다카를 만나 부처님 말씀을 전하자 춘다카는 자신의 결점을 크게 뉘우치고 태도를 바꾸었다. 그 후 얼마 있지 않아 아라한과를 득하자 승단의 스님들도 춘다카에 대해 더 이상 거리를 두지 않았다.

부처님 반열반 후 아난존자는 계속해서 수행을 하며 쉬라바스티를 방문하고 그곳 불자들에게 부처님 열반 소식을 전하고 위로하였으며, 영원한 것이란 아무 것도 없다는 제행무상의 법을 재확인해 주었다. 그는 계속해서 제다원에 머물면서 마치 부처님이 살아계신 것과 같이 매일 아침 부처님 처소에 물을 떠다 놓고 주위를 청소하기도 하였다.

팔리 불전이 전하는 바에 의하면 아마도 아난존자는 이때까지도 부처님께서 떠나셨다는 사실을 쉽게 받아들이지 못하고 있었던 것 같다 하였다.

제1차 결집

불전이 전하는 바에 의하면 제1차 결집은 왕사성 칠엽굴에서 개최되었다. 시기는 부처님 열반 후 처음 안거를 지낸 후였다.

마하가섭존자는 아난존자에게 제1차결집에 집합한 499명의 아라한 앞에서 그가 기억하고 있는 대로 부처님 가르침을 염송토록 하였다.

제1차 결집에 앞서 규칙이 만들어졌는데, 결집에 참석할 수 있는 제자들은 모두가 아라한과를 득한 출가자이어야 한다는 것이다. 그래서 마하가섭은 결집에 반드시 필요한 아난존자가 참석할 수 있도록 결집의 접대인으로 아난을 참석토록 하려 했으나 가전연존자의 반대로 결집에 참석할 수 없게 되었다.

아난은 크게 모욕감을 느끼고 경전결집이 열리기까지 아라한과를 득하기 위해 전에 가전연과 바지풋다가 권고한 일과 부처님 말씀을 새롭게 기억하면서 정진에 정진을 거듭했다.

그러던 중 결집이 있는 전날 밤 잠깐 쉬기 위해 자리에 누우려 할 즈음 바로 그때 반은 서 있고 반은 누우려는 찰라에 아라한과를 득했다. 그래서 아난존자를 불교의 4위의(四威儀: 行住坐臥)가 아닌 다른 자세로 각을 득한 분이라 부르기도 한다.

다음날 아침 아난존자는 자신의 아라한과를 증명하기 위해 공중으로 비행하여 결집장소의 빈 자리로 들어갔다.

불란서 불교학자 안드레 바로와 델리슨 핀들리는 말하기를 이러한 불전 이야기들은 믿기가 어렵지만 후세에 이러한 내용들이 사람들의 입에 오르는 것은 수행이란 쉽게 포기하거나 지나치게 규격에 맞추려 해서는 아니 된다 하였다.

경전결집에서의 염송

제1차 결집 가운데 경전 결집에서는 아난존자가 자신의 기억을 되살려 부처님께서 하신 말씀을 499명의 아라한 앞에서 염송하면 그 가운데 어느 것은 옳고 아니면 그른 것인가를 결정하여 최종적으로 진부를 가려냈는데, 이때 내용 가운데는 그러한 부처님 말씀이 어디에서 언제에 있었으며, 그 자리에는 누가 참석했었는지를 부가했다. 이렇게 해서 합의된 내용들은 경전으로 결집되었으며, 이러한 경전들은 문자화되지 않고 구전으로 전해졌다.

이것으로 미루어 보아 제1차 경전결집에서 아난존자의 역할은 중차대한 것이었다. 이때 결집된 총 8400경장 가운데 8200은 부처님의 가르침이고 나머지 2천은 제자들의 가르침이었다.

모든 경전은 "나는 이렇게 들었다"로 시작된다. 이때 '나'는 아난존자 자신인 것으로, 경전의 소리는 바로 아난존자가 부처님 말씀을 듣고 기억한 내용으로, 부처님 이외 다른 어떤 사람의 말들은 포함되어 있지 않다.

이렇게 해서 아난존자의 염송이 경전으로 결집되었고, 이 전통에 따라 설일체유부의 경전 이후 불전이라 불리는 논장들이 만들어졌으며, 역시 여러 학파에서 발전시킨 아비다르마도 마찬가지이다.

아난존자에 대한 질책

제1차 결집이 진행되는 동안 그곳에 참석한 승단원들이 여러 내용을 들어 아난존자를 질책하였다.

첫째는 비구니승단의 설립을 위해 부처님께 간청하여 허락을 받은 일과

둘째는 부처님께서 사소한 계율은 개의치 않아도 무방하다 하였을 때 어떤 계를 말씀하시는지 질문하지 아니한 일과

셋째는 부처님의 법복을 발로 밟은 일과

넷째는 부처님 열반 후 시신의 옷이 단정하지 못한데도 불고하고 여인들에게 가까이 와서 경배를 드리도록 하여 그들이 흘린 눈물이 옷을 적시게 한 일과,

다섯째 부처님이 열반을 말씀하셨을 때 보다 오래도록 사시도록 요청하지 못한 일 등을 들었다.

이 질책의 내용을 들은 아난존자는 이러한 일들이 계율을 범한 것은 아니었다고 주장한 다음 그러나 승단 내의 분란이나 장로 비구들을 존경하는 뜻에서 이 모든 것을 자신의 잘못으

로 간주하고 참회한다 하였다.

그러나 아난존자는 비구니승단 설립에 관해서는 당시 마하프자파티는 부처님의 양어머니이고 부처님의 양육을 위해 많은 노력을 아끼지 않으신 분이라는 것을 강조하였다.

두 번째 부처님 열반을 늦추지 못한 것은 마라의 장애에 의한 것이라고 주장했다. 한편 중국에 전해온 불전에 보면 부처님이 열반을 늦추면 미래불인 미륵부처의 하생에 차이를 가져올 것을 두려워 부처님께 좀더 오래 머물도록 간청하지 않았다고 고백했다 하였다.

아난존자 경책에 관해서 초기불교의 팔리어 불전과 설일체유부의 불전 사이에 차이가 있다. 먼저 아난이 아라한과를 득한 후 결집 중에 경책이 있었는지 아니면 그전에 경책이 있었는지에 따라 그 내용이 다르다.

근본설일체유부의 불전에 의하면 결집 이전에 경책의 내용을 들은 아난존자는 그 모든 것이 계율에 어긋나는 것이 하나도 없다고 주장하자 마하가섭이 일곱가지 내용을 들어 아난의 잘못을 경책하였다.

인도학자 프리지루스키에 의하면 아난에 대한 경책이 결집 중에 있었다고 한다면 이것을 당시 승단 내에서의 분규 때문이었을 것이라고 주장한다. 당시 승단은 두 학파로 갈라져 부처님 말씀을 제일로 삼고 수행하는 파와 오직 계율에 따라 수행하는 학파로 나누어져 있었다.

마하가섭을 수장으로 하는 계 중심 학파에서는 아난존자의 잘못을 크게 질책했는데 반해 근본설일체유부에서는 계보다 부처님 가르침을 중심으로 수행하는 학파로서 두 파 간에 아난존자에 대한 경책도 다르게 취급한 것 같다.

팔리어 불전에 의하면 제1차 결집 시 경전에 앞서 우팔리존자에 의해 율장이 먼저 결집되었다고 한다. 이것으로 보아도 당시 승단의 분규를 확인할 수 있다.

열반경이 역사를 통해 여섯 번의 교정이 있었는데, 처음 본 것은 부처님 가르침을 중시하는 편에서 편찬한 것이고, 후반부에 편찬된 것은 승단의 계율에 중점을 둔 학파에 의해 이루어졌다. 그 내용에 있어서도 전반부에서는 아난존자의 역할이 크게 드러나 있는가 하면 후반부의 경전에는 마하가섭존자의 계율이 크게 강조되어 있다.

역사적 확실성

전통적으로 제1차 결집은 7개월에 걸쳐 진행되었다. 그러나 많은 불교학자들은 현재 불교가 보유하고 있는 모든 초기 경전이 그 당시 결집된 것인가에 대해서는 그 역사적 확실성이 미약하다고 본다.

그러나 현존하는 불전에 나타난 제1차결집에 관한 내용이 전하는 아난존자는 몇몇 잘못은 차치하고라도 부처님 가르침

바이샬리에 위치한 아난다 탑

을 후세에 전한 중재자로 그 역사적 확실성에는 결함이 없다.

그런가 하면 고고학자 피노, 인도학 학자 오버밀, 그리고 날리낙샤 두티 등도 제1차 결집에 관해 불전이 전하는 내용은 역사적으로 확실성에 결함이 없다고 주장한다. 왜냐하면 팔리본의 불전 내용과 범어본 불전 내용이 거의 동일한 것이 이를 증명한다.

인도학 학자 곰브릭의 주장에 의하면 팔리어 경전은 부처님 말씀을 정확하게 전하고 있다. 이것은 제1차 경전결집에서 아난존자를 통해 우리에게 전해진 것이라 하였다.

아난존자의 인격과 역할

아래의 내용은 기원 500년경 붓다고사에 의해 쓰여진

manorathapurani라 이름하는 증일아함에 관한 해설서에서 아난존자의 인품에 관한 내용을 발췌하여 영어로 번역된 것을 우리말로 재 번역한 것이다.

　아난존자는 부처님의 시자였다.
"그는 마치 그림자처럼 부처님을 수행하며 시봉하였다. 아침이면 치아를 닦을 나무조각을 준비하고 물을 올렸으며 부처님 발을 씻겨드리고, 그의 몸을 주물러 주며 처소를 청소하고 그 외 무엇이든 부처님이 필요로 하는 일이라면 주위에서 시봉하였다.
　낮에는 주위에 있으면서 부처님 일과를 도왔고 저녁이면 횃불을 들고 처소를 아홉 번 돌았다. 저녁 내내 횃불을 끄지 아니했는데, 자칫 잠이 들어 부처님의 부름을 듣지 못할까 염려되어서였다."

　이렇게 아난존자는 부처님의 여러 제자 가운데 가장 중요한 분 중 한 분이었다. 증일아함과 잡아함에 나와 있는 부처님 십대제자 가운데 다문제일(多聞第一) 제자로 알려져 있다.
　경전에서는 어느 제자보다 빈도수가 많게 응용되어 있다. 아난존자는 그 행위에서, 또는 주의력에서, 기억력에서, 박식한 제자로, 그리고 단호함에 있어 제일로 세우고 있다.

　이러한 아난존자의 특징에 관해서는 부처님께서 열반 직전에 자신의 사촌이면서 가장 사랑하는 제자로서 20년을 넘게 시봉해온 시자를 칭찬하셨다. 특히 그는 누구보다 자비심이 강했고, 재가불자와의 관계에서도 매사를 원활하게 처리하였으며, 승단원과 재가불자 모두가 그를 만나는 것을 즐겨하였고, 부처님을 대신해서 법문을 충실하게 해 주었다고 감사를 표했다.

또한 아난존자는 조직 수완도 대단했으며 비서역할도 충실하게 수행하였다. 무엇보다 아난은 부처님의 개인적 필요를 만족하게 처리하였고 젊고 성장하는 승단이 하나의 종교단체로 확장되어 가는데 커다란 기둥이 되어주었다고 말씀하셨다.

아난존자의 기억력은 누구보다 출중하였다. 이러한 기억력은 부처님 법문을 기억하는데 절대 요건이었다. 그래서 다른 승단원에게도 부처님 가르침을 기억하는 방법을 지도하였다. 이로 인해 후에 사람들은 그를 "부처님 가르침의 보관자"라고 불렀다.

부처님 포교인생의 반을 함께 지낸 아난존자는 여러 면에서 산 부처님의 기억을 소유하고 있었으니, 이러한 그의 기억력이 없었다면 승단 발전을 크게 어렵게 만들었을지도 모른다.

또한 아난존자는 부처님의 사촌이었기 때문에 사정이 어려운 질문도 감히 부처님 앞에 제시할 수 있었다.

예로써 자이나교의 수장 마하비라가 사망하고 이어서 자이나교단에 불화가 일어나 다투고 있는 것을 보고 묻기를 "만약 부처님께서 열반에 드신다면 불교 승단에 유사한 불화가 일어날 경우를 미리 어떻게 방비할 수 있을까요?"

　　그러나 불교학자 핀들리의 주장에 의하면 아난존자의 출중한 기억력으로 부처님 가르침을 정확하게 기억할 수는 있어도 기억된 내용을 회수하여 이를 재고해 보는 경우 기존의 기억된 내용을 왜곡하는 잘못을 범할 수도 있었다는 것이다.
　　그래서 승단의 도반들로부터 여러 번 받은 권고는 재가불자와 너무 오래 사귀지 말고 그 시간에 명상수행을 하도록 하라는 것이었다. 물론 아난존자도 열심히 명상 정진을 해오고 있었다. 그러나 여러 부처님 제자 가운데 선정의 경지가 비교적 낮은 편에 속했다.
　　그래서 후세에 아난존자의 인격을 판단하는 사람에 따라 아난존자가 성취한 수행정도에 따라 판단하기도 하고 때로는 부처님의 시봉자로서 그의 특징을 통해 판단하기도 하였다.

　　아난존자에게 부처님은 아버지이면서 스승이었다. 그래서 부처님은 때로 무척이나 엄격하면서도 항상 자비심을 가지고 아난존자를 대했다. 그래서 아난은 부처님께 지나치게 애착심을 가지고 있어 부처님을 위해서는 생명이라도 바칠 각오가 되어있는 듯 했다.

아난존자는 부처님의 열반을 큰 슬픔을 가지고 받아들였다. 사리불의 타계의 경우도 마찬가지였다. 아난에게는 사리불은 친구이면서 스승이었다. 어려운 일이 있을 때 마다 사리불과 의논하였는데, 부처님이 열반의 의사를 비쳤을 때 제일먼저 사리불에게 이를 전했다.

아난존자의 부처님에 대한 믿음은 부처님 가르침에 대한 믿음 보다는 인간으로서의 믿음 그것이었다. 제1차결집 당시 있었던 아난존자에 대한 경책의 내용 거의 모두가 이러한 전도된 믿음에서 유래된 것이라고 볼 수 있다.

불전에 의하면 때로 아난존자는 마음챙김이 어수선한 적도 있고 이해가 더딘 경우도 있었다. 이러한 행동거지는 별로 중요한 일은 아니었지만 때로 장래성이 없는 제자에게 계를 준다든지 때에 맞지 않게 부처님께 접근하는 일 등은 주의성의 결여에서 온 것이라 볼 수 있다.

한때 마하가섭은 아난존자에게 강력한 어조로 경책하였다. 그 이유는 아난존자가 아직 수행이 되지 않은 많은 젊은 스님들과 어울려 다닌다는 것이다. 이는 불교승단의 명성에 커다란 해가 될 수 있다는 이유에서였다.

또 다른 하나는 설일체유부의 불전에 전하는 말로써 오직 아난만이 데바닷다에게 신통력을 가르치려 했다는 것이다. 데바닷다는 이 신통력으로 부처님을 살해할 수도 있었다. (데바닷다는 아난의 친형이다. 이 두 사람 간에는 나이 차가 30년

이 넘지만 아마도 배가 다른 어머니일 수도 있다.)

　　그러나 화지부에 전하는 불전에 의하면 데바닷다가 부처님으로부터 등을 돌리고 승단을 나누어 나가려 할 때 아난존자는 이에 응하지 않았고, 형 데바닷다를 설득시키려 노력하기도 하였다.

　　후에 아난존자의 정신적 성장에 관한 불전의 내용을 보면 그가 비록 마음챙김이 다른 제자들에 비해 미숙했다는 것은 그의 강한 사바세계에 대한 애착과 더불어 부처님을 향한 애착 모두가 그의 명상수행에 뿌리를 내리고 있었다는 것을 알 수 있다.

부처님 가르침의 전수

　　전하는 바에 의하면 부처님 반열반 후 아난존자는 주로 인도 서쪽 코삼비 지방에서 제자들을 지도하고 있었다. 코삼비는 바이샬리의 서쪽에 있는 도시이다.

　　또 다른 전거에 의하면 그는 벨루바나 수도원(죽림원)에 머물고 있었다고도 한다. 이곳에서 장차 법을 전해줄 제자 상나화수(Sanavasi)를 만났는데, 후에 가섭존자로부터 받은 법을 그에게 전해주었다.

타계와 사리분배

　　비록 초기 불교의 불전에는 아난존자의 타계 연대가 전해지지 않지만, 인도를 여행한 중국 법현스님에 의하면 아난존자는 120세까지 살았다고 한다. 후에 전하는 연대기에 기준해보면 75세에서 85세 사이의 수명을 누렸다고 본다.

불교학자 커슨에 의하면 아난존자는 부처님 반열반 20년 후에 타계한 것으로 추론하고 있다.

아난존자는 말년 타계할 때까지 제자들을 가르쳤다. 근본설일체유부의 불전에 의하면 어느날 한 젊은 스님이 염송하는 것을 듣고 잘못된 곳을 지적하자 그 스님이 자신의 스승에게 이 이야기를 전하자 스승의 말이 "아난존자는 이미 늙어 기억력이 쇠퇴했다"라고 하는 말을 들었다.

이 말을 들은 아난존자는 열반에 들기로 작정하였다. 그는 가섭존자로부터 받은 법을 제자 상나화수에게 전하고 간지스강을 향해 떠났다.

그러나 팔리어 불전에 의하면 아난존자가 자신의 죽음이 다가온 것을 알고 나머지 시간을 바이샬라에서 보내기로 작정하고 그곳으로 가 있다 바이샬리를 통해 흐르는 노히니강가로 나아갔다.

근본설일체유부의 불전은 이 내용을 계속해서 전하기를 아난존자가 강에 이르기 전에 제자 마찬티까가 강가에서 그를 맞이하였으며 500명의 사람들이 그를 따랐다.

그가 강을 건너려 할 때 반대쪽 강가에 마가다국 아자타샤쓰트루왕이 그의 죽음을 지켜보기 위해 와 있으면서 죽은 후 사리를 거두겠다 하였다. 그러나 다른 편의 강가에는 바이샬리의 리차비족이 사리를 거두기 위해 나와 있었다.

다른 팔리어 불전에 의하면 또 한쪽에는 석가족과 콜리안족의 사람들이 모여 있는 것을 보고 자신의 사리 때문에 전쟁이 일어날 것 같아 신통력을 이용하여 공중으로 부상한 후 산화하여 사리가 양 강가에 떨어져 네 부분으로 나누어 모두가 만족해 했다고 한다.

마찬티카는 아난존자의 마지막 제자이다. 마잔티카는 제2차 결집에 참가하였는데, 이때 아난존자로부터 법을 받은 상나화수도 제2차 결집에 참가하였다.

여러 불전들이 서로 다른 내용으로 전해오지만 단 한가지 확실한 것은 아난존자의 제자들 여럿이 제2차 결집에 참석한 것만은 확실하다. 왜냐하면 2차결집을 전하는 여러 불전에 한결같이 아난존자의 제자 이름이 등장하는 것으로 증명이 된다.

마가다국 아자타샤스트루왕은 로히니강가에 아난존자의 사리를 봉안한 탑을 세웠으며 반대편의 리차비족도 역시 사리를 봉안한 탑을 세웠다.

7세기에 이곳을 방문한 현장스님은 이 두 탑을 순례했다 하고, 역시 법현스님은 로하니강가 탑을 순례한 기록을 남겼다.

근본설일체유부의 불전에 의하면 아쇼카왕은 아난존자 탑

을 방문하고 보기 힘든 성대한 공양을 올렸다고 적고 있다.

아래에는 한 장로비구가 쓴 시가 장로비구 게송집에 전해온다.

"누가 이 세상에서 이 분보다 더 박식할 수 있겠는가.
훌륭한 스승의 보석함 속에 있는
진리의 말씀을 가슴에 담고
온 세상을 위해 지켜보는구나.
그 이름 아난다여, 그는 멸하셨다."
〈팔리어 불전협회 회장 리스-데이비스 부인 번역〉

이 게송을 쓴 스님은 게송 끝에 주를 달기를, "여래의 몸은 바로 다르마 즉 진리이다. 고로 그 몸은 순수로 그 바탕을 삼는다. 아난이 이를 모두 얻었으니 그에게 이 게송을 바치는 것 말고는 달리 무엇으로 그 공덕을 기리랴."

아난다존자가 남긴 유산

아난존자는 훌륭한 연설가였다. 그는 때로 명상에 관해 그리고 자아의 참 뜻에 관해 법문을 하였다.

아난다존자의 법문을 담은 경전이 여러 가지가 있는데, 거의 모두가 팔리어 경전이기 때문에 중국으로 전해지지 아니 한 듯 하다.

그 가운데 및 경전의 이름을 들면 ① 열반에 이르는 명상법을 설한 Atthakanagara경, ② 현재에 사는 방법을 설한 Bhad-dekaratta경, ③ 높은 수행을 한 부처님 제자들 이야기를 전한 Sekha경, ④ 부처님께서 다르마를 따르도록 고무한 이야기를 모은 Subha경 등, 그리고 ⑤ 아난존자 자신과 마가다국 브라만 모갈라나, 그리고 마가다국 수상 바사카라와의 사이에 나눈 이야기를 모은 Gopaka-Mogallana경이 전해온다.

부처님이 더 이 세상에 계시지 않는 상태에서 누가 승단을 이끌어 갈 것인가는 이미 자등명 법등명의 부처님 유지가 승단원 간에 잘 알려져 각자가 마음속으로 준비는 하고 있었겠지만 그래도 승단 내의 덕이 높고 수행이 깊은 장로 비구들에게 의지할 것을 기대하고 아난존자는 '장로비구의 게송집'을 편찬하는데 힘썼다. 그래서 게송집 안에 부처님이 남기신 몇 게송도 삽입했다.

대승불교에서는 부처님 법을 계승한 제1조사로 가섭존자를 꼽고, 그로부터 법이 아난존자, 그리고 불전에 따라 다르지만 제3조사로는 아쇼카대왕의 왕사 마잔티카 또는 아난존자의 제자 상나화수로 이어진다.

경전 여러 곳에서 아난존자와 마하가섭존자 사이의 불화를 말하고 있지만 이 둘은 불교에서 중하게 여기는 스승과 제자간의 사이가 아니기 때문에 부처님 법을 전하는 것과는 무관했다고 본다. 아마 이것은 부처님 자신의 의도였을지도 모른다.

남방불교 사원과는 달리 대승권 사찰의 법당에는 석가모니 부처님을 본존으로 모신 곳에는 주로 오른쪽에 아난존자 그리고 왼쪽에 마하가섭존자가 협시하고 있는 것이 통례이다.

팔리어 불전에는 법을 전해 받은 부법조사(付法祖師)들의 명단이 존재하지 않는다.

비구니승단 설립에 큰 공을 세운 아난존자는 초기불교에서 부터 크게 경배되어 왔다. 일찍이 인도를 다녀온 중국의 법현 스님이나 현장스님의 기록에 의하며 불교 경축일에는 아난존 자를 모신 사당이나 수투파에는 많은 비구니들이 몰려와 호화로운 잔치를 벌이는 광경을 목격했다고 한다.

13세기 일본에서는 아난존자 경배사상이 발생하여 존자의 상과 탑이 세워지고 경배되기도 하였는데, 일본 불교학자들 간의 의견은 이러한 현상은 비구승단에 지나치게 의존해온 비구니 자신들의 독립성을 표현하기 위한 시도가 아니었나 한다.

팔리어 율장에 의하면 고대 인도 승려의 법복은 아난존자가 디자인 한 것이다. 승단이 세워지고 많은 시주들이 스님들을 위해 때로는 값 나가는 비단 옷감을 보시해 왔는데, 이 때문에 승단에 도적이 드는 불상사가 자주 발생해 부처님께서 아난존 자에게 지시하여 보시로 받은 옷감을 여러 조각으로 잘라 꿰 매서 법복을 만들 수 있는 방법을 알아보라 하셨다.

이에 아난존자는 옷감을 작은 조각으로 잘라 마치 벼 다랑이처럼 서로 이어 법복을 만들도록 디자인 한 것이 중국으로 전해져 오늘날 중국 스님들의 가사가 되었다.

아난존자가 관여된 또 다른 하나의 전통은 발우에 청수를 담아 뿌리며 마을을 돌면서 보호경인 보석경을 염송하는 의식이다. 부처님 생존 당시 바이샬리에 역병이 퍼져 부처님께 도움을 청하자 부처님과 아난존자가 강을 건너 바이샬리로 가서 저녁에 아난존자가 발우에 청수를 담고 이를 뿌리면서 성내를 돌며 보호 보석경을 염송하여 당시의 3재인 역병, 가뭄, 그리고 기근을 퇴치하였다고 불전에 전해온다.

이 당시에는 여러 대중스님들이 함께 염송할 수 있는 짧은 경이 셋이 있는데, 첫째는 보석경(paritta ratana sutta), 행복경(Mangala sutta), 그리고 화합경(Metta sutta) 등이다. 보호경은 역병이나 재액을 멸하기 위해 염송하는 경이고, 행복경은 대중이 공양청을 받아 공양을 받은 후 시주들을 위해 모두 함께 염송하는 경이며, 화합경은 새로운 공회당이나 공공건물을 개원할 때 모여 화합을 위해 염송하는 경이다.

또 하나 아난존자와 관련된 불교전통에 관한 이야기는 보리수 나무에 관한 것이다. 불교에서 보리수는 성스러운 나무이다. 부처님께서 보리수 나무 밑에서 각을 얻으셨기 때문에 원 이름은 피팔(pipal)나무인데 그 이름이 보리수로 바뀌었다.

칼링가보리 자타카 불전에 의하면 아난다존자는 부처님께서 각을 얻으신 장소가 인도 가야읍의 한 필발라수 밑이기 때문에 그곳 보리수 나무열매를 심어 보리수 나무를 자라게 해서 사람들이 이를 보고 부처님의 고행과 수행 그리고 가르침을 상기할 수 있도록 했다고 한다.

이 보리수를 아난다 보리수라고 하는데, 오늘날 인도 쉬라바스투의 제다공원에 있는 보리수가 바로 아난다 보리수이다. 동남아의 많은 불교국가에서는 보디가야 보리수나무 열매로 싹을 티워 그 묘목을 사찰 내로 옮겨 심어 기르고 있는데, 이 나무들을 아난다 보리수라 부른다.

예술

1856년부터 1858년 사이에 독일 작곡가 리차드 바그너는 아난존자와 마탕가여인 프라크리티간의 사랑을 주제로 오페라를 작곡했는데, 최초에는 이를 "디 시거(Die Sieger. 굴하지 않는 이들)'라 불렀는데, 후에 이를 완성하고 곡명을 '파시팔(Parsifal)'로 바꾸었다.

프라크리티의 어머니 마탕가 여인의 주문이 아난존자를 유혹하는데 실패하자 프라크리티는 부처님을 만나 호소한다. 이에 부처님은 두 사람이 함께 살 수는 있으나 마치 형제 자매처럼 살아야 한다는 조건 하에서 허락하겠다는 것이다. 이것은 전생의 업 때문이니 부처님으로서도 어쩔수 없는 일이다.

이에 프라크리티는 출가를 결심하고 비구니가 되어 비구니로서의 삶의 기쁨을 즐긴다. 이 오페라는 영적인 주제가 바탕을 이루지만 작곡가 바그너는 부처님으로 하여금 당시 인도 사성계급의 불합리성을 비판토록 하는 계기도 마련하고 있다.

바그너는 쇼펜하우어의 철학에 영향을 받아 삶의 욕망에 이끌린 구원과 진실한 정신적 구원을 대조시킨다. 사랑하는 사람과 합일을 통한 구원 대신에 출가하여 비구니로서 정신적 구원을 실현한다. 이렇게 해서 전에 구성된 비구니승단을 통한 마하프자파티의 수계는 프라크리티를 통해 그 참 결실이 이루어 진 것이다.

석가모니 부처님 본원의 성취도 이곳에서 그 완성을 본다. 일체중생의 구원을 위해 이 세상에 오신 부처님은 자신의 중재 없이도 여인들이 구원을 받을 수 있는 다르마적 장치가 마련된 것이다.

인도의 시성 타고르는 프라크리티와 아난의 이야기를 바탕으로 짧은 희곡 '찬달리카(Chandalika)'를 집필하였다.

이 희곡은 정신적 갈등을 테마로 하여 인도의 사성계급제도, 사회의 불평등 등을 비판하고 있다.

✸ 우팔리존자

〈우팔리존자 이야기〉

지계제일 우팔리존자는 부처님 열반 후 왕사성 칠엽굴에서 가섭존자의 주재로 제1차 경전결집이 있을 때 맨 먼저 대중 앞에 나와 율장을 염송함으로써 불교역사 2600년을 지속해 온 불교율장의 기틀을 마련하신 분이다.

불교에서 계는 전쟁터에 나가는 군사들의 갑옷과 같다. 출가자는 물론 재가불자 모두가 계를 갑옷으로 하고 부처님 가르침을 이웃에 전하는 포교사가 되어야 한다. 그러나 전쟁터에 나가는 군사와 불자와의 차이는 군사들은 전쟁이 끝나면 갑옷을 벗어 버리고 속인의 옷으로 갈아 입지만 불자들의 계옷은 벗지 말고 계속해서 입고 불사에 임해야 한다.

계는 몸에 배어야 한다고 옛 선지식들은 말해왔다. 계를 지키는 공덕은 계옷이 몸에 배어 몸에 알맞게 되고 그것이 밖으로 드러났을 때이다. 계는 불자가 선정에 드는 첫 걸음이다. 계가 없이는 진정한 의미에서 선정에 들 수 없다. 마음을 고르는 선정은 계가 그 도구가 되어 마음을 바른 곳으로 이끌어가야 한다. 끝으로 계는 지혜를 얻는 첫 단계이다. 그래서 우리는 이 셋을 삼학(三學)이라 하고 초심자가 참 불자가 되는 단계를 말한다.

이러한 계를 모은 율장이 결집될 때 대중들 앞에 서서 부처님께서 하나 하나의 계를 정하실 때 일어났던 일로부터 계를 범한 출가자에게 어떤 제재가 내려졌는지를 상세하게 설명한 제자가 바로 우팔리존자이다. 오늘은 이 우팔리존자의 일생에 관해 알아본다.

부처님 10대 제자 가운데 계를 가장 잘 지켜 지계제일(持戒第一)로 알려진 우팔리존자는 고대인도 사회계급 가운데 가장 아래층인 수드라 가족의 한 사람으로 태어났다. 그래서 사회의 일원으로서 생활할 수 없고 오직 노예로서 평생을 살아가도록 운명 지어진 것이다.

수드라족들은 교육을 받을 수 없었으므로, 우팔리의 부모는 장차 자립할 수 있도록 이발 기술을 익히도록 하였다. 우팔리는 언제나 공손하고 모든 일에 주의를 기울였으므로 짧은 기간에 이발 기술을 모두 배워, 왕실의 이발사가 되었다. 이 당시 카필라성에 살던 바디야왕자나 아니루다왕자들은 우팔리의 이발 기술에 만족하였다.

우팔리가 20살이 되는 해에 석가모니 부처님께서는 타 지방에서 포교를 하시다가 카필라성에 들리셨는데, 그때 마침 삭발할 때가 되어 우팔리로 하여금 삭발하도록 하였다. 커다란 깨달음을 얻으시고 32상을 지니신 부처님의 머리를 깎아드릴 기회를 갖게 된 우팔리는 너무 감격하여 어찌할 바를 모르자 우팔리 어머니는 삭발을 하는 날 함께 궁전으로 들어가 삭발하는 것을 지켜보기로 약속하였다.

다음날 우팔리와 어머니는 함께 궁전에 들어가 부처님 머리를 깎았다. 우팔리가 머리를 깎는 동안 어머니는 부처님 앞에 무릎을 꿇고 앉아 지켜보다가 부처님께 절을 하고 물었다.

"부처님, 우팔리의 머리 깎는 솜씨가 어떠한지요?"

"우팔리는 허리를 너무 구부리고 있습니다."

이 말을 들은 우팔리는 바로 허리를 곧게 세웠다. 전하는 말에 의하면 이로써 우팔리는 초선(初禪)을 득했다고 한다.

조금 후에 어머니는 다시 부처님께 절을 하고 물었다.

"부처님, 우팔리의 머리 깎는 솜씨가 어떠한지요?"

"우팔리는 허리를 너무 바로 세우고 있습니다."

이 말을 들은 우팔리는 머리 깎는 일에 좀 더 주의를 기울였다. 전하는 말에 의하면 이로써 우팔리는 제2선을 득했다고 한다.

아직도 부처님 앞에 앉아 있던 어머니는 다시 부처님께 절하고 물었다.

"부처님, 우팔리의 머리 깎는 솜씨가 어떠한지요?

"우팔리는 숨을 너무 빨리 들이쉬고 있습니다."

이 말을 들은 우팔리는 숨을 쉬는 일에 정신을 기울이게 되었다. 전하는 말에 의하면 이로써 우팔리는 제3선을 득했다고 한다. 이때까지 부처님 앞에 앉아 있던 어머니는 한번 더 부처님께 절하고 물었다.

"부처님, 우팔리의 머리 깎는 솜씨가 어떠한지요?"

"우팔리는 숨을 너무 빨리 내 쉬고 있습니다."

이 말을 들은 우팔리는 숨을 내 쉬고 들어 쉬는데 집중하여, 손에 칼을 쥐고 있는 것 조차 잊어버렸다. 전하는 말에 의하면 이로써 우팔리는 제4선을 득했다고 한다.

이 짧은 이야기를 통해 우리는 우팔리존자가 젊어서부터 모든 일에 정신을 가다듬으며, 자신에게 엄격하고, 다른 사람의 비판을 열린 마음으로 받아들일 줄 알기 때문에 부처님의 제자 가운데 가장 계를 잘 지킨 사람이었다는 것을 알 수 있다.

제4선정을 통해 수행자는 대상성이 있는 색계를 벗어나서 대상성이 없는 무색계로 나아가게 된다. 부처님은 제4선정을 근본으로 삼는다 하였다. '대상성'이란 의식이 외적 대상에 지향하는 것을 뜻한다.

색계의 선정을 사념청정적정무동락지(捨念淸淨寂靜無動樂地)라 이름 한다. 이것은 尋·伺·苦·樂·憂·喜·入息·出息의 8動法을 여읜다는 뜻이다. 제4선정은 이와 같은 8동법(八動法) 전부를 이탈하여 하등의 동요도 없음은 마치 밀실의 등화가 바람에 동요되지 않는 것과 같다.

석가모니 부처님께서 고향으로 돌아와 법을 설하자 바디야 왕자, 아난다 왕자, 아니루다 왕자 그리고 데바닷다 왕자 등 네

왕자들이 출가할 것을 결심하고 우팔리를 데리고 부처님께 와서 삭발을 허락하여 줄 것을 청하였다. 이에 부처님의 허가를 받은 왕자들의 머리를 깎아 주면서 우팔리는 울기 시작했다. 이를 본 아니룻다 왕자가 볼멘 목소리로 말했다.

"우팔리야. 너는 왕자들이 출가를 위해 머리를 깎는데 왜 우느냐?"

"왕자님, 죄송한 말씀이지만 실은 반디야 왕자님께서는 항상 저를 친절하게 대해 주어서 왕자님과 헤어진다는 생각을 하면 참을 수 없이 슬퍼져서 입니다."

이를 측은하게 여긴 반디야 왕자는 다른 왕자들에게 말하기를,

"우팔리는 우리들을 오랫동안 보살펴 왔으니 지금 몸에 지니고 있는 귀중품들을 모두 모아 우팔리에게 주기로 하자."

이 말에 다른 왕자들이 동의하자 가지고 있던 귀중품들을 모아 우팔리에게 주어서 카필라성으로 돌아가도록 하였다.

처음에 우팔리는 성으로 돌아가기를 원했지만 생각해 보니 성에 가서 왕자들이 출가했다 전하면 왕의 가족들이 출가를 도와준 자기를 죽일지도 모르며, 둘째로 왕자들도 출가하는데 미천한 자신도 출가를 하는 것이 마땅하다 생각하고 부처님 계신 곳으로 갈 것을 결정하고 왕자들로부터 받은 귀중품은 주머니에 넣어 나무에 매달아 놓았다.

부처님 계신 곳으로 가다 자기의 천한 신세를 생각하고 길가

에 앉아서 울기 시작했다. 이때 누군가가 자기에게 말하는 소리를 들었다.

"너는 무엇이 슬퍼 그렇게 울고 있느냐?"

우팔리는 울음을 멈추고 말하는 사람을 쳐다 보았다. 그리고 눈물을 닦고는 그 사람 앞에 무릎을 꿇고 말했다.

"존경하는 스님, 스님은 부처님의 상좌 제자시군요. 부처님께서 스님과 함께 궁전에 들리셨을 때 뵌 적이 있습니다. 죄송스러운 질문이지만 저처럼 천민도 출가하여 부처님 제자가 될 수 있을까요?

"너의 이름이 무엇이냐?" 사리불이 물었다.

"우팔리라 합니다."

사리불은 부처님께 삭발을 해 주는 동안 제4선을 득한 이발사 이야기가 생각나서 이 사람이 바로 그 이발사 우팔리임을 알았다. 사리불이 우팔리에게 말했다.

"누구든 계를 지키면 부처님의 제자가 될 수 있다. 나와 함께 부처님께 가자. 부처님께서는 너의 출가를 기쁘게 허락하실 것이다."

우팔리는 사리불을 따라 부처님께 가서 출가를 허락받고 삭발하였다.

"너는 마음이 착하니 장차 나의 가르침을 세상에 전할 수 있을 것이다. 네가 오기 전 바디야 왕자를 포함한 여러 왕자들이 즉시 출가를 원했지만 이들에게는 며칠간 명상을 통해 왕자였을 때 지녔던 오만심들을 모두 털어 버리면 출가를 허락하기로 하였다."

7일이 지난 후 부처님은 일곱 왕자들의 출가를 허락하시고, 다른 제자들을 만나도록 하였다. 그때 우팔리도 그 자리에 삭발을 하고 함께 있는 것을 발견하고 어찌된 일인지 몰라 어리둥절하였다. 이를 본 부처님께서는 말씀하셨다.

"너희들에 앞서 우팔리의 출가를 허락 하였으니, 모두는 우팔리를 존경하여야 한다."

부처님 말씀을 듣고 일곱 왕자는 우팔리 앞에 나아가 절을 하자, 우팔리는 너무나 감동하여 부처님 앞에 무릎을 꿇고 오체투지 하였다.

우팔리존자는 출가한 해에 아라한과를 얻었다. 그리고 부처님의 수제자가 되자 사람들이 크게 놀라는 것을 보고 부처님께서 우팔리의 전생에 관해 말씀하셨다.

한때 두 친구가 살았는데, 비록 가난하기는 했지만 남을 도와 보시 하는 것을 잊지 않았다. 이 둘은 죽어 한 사람은 왕으로, 다른 한 사람은 이름난 브라만 가정에 태어났다. 이 브라만은 결혼하여 부인을 무척이나 사랑하였으나, 어떤 오해로 부인이 오랫동안 대화하기를 거부하였다. 어느 날 부인이 시장에 나가 꽃을 사다 줄 것을 간청하자 브라만은 부인이 마음을 돌려 자기를 다시 사랑하게 된 것이 기뻐 노래를 부르며 시장에서 돌아오고 있는데, 이때 마침 왕이 정원의 꽃을 즐기고 있다가 이 노래 소리를 듣고 브라만을 궁전으로 초청하여 둘은 친한 친구가 되었다.

왕은 이 브라만을 믿고 나라 일을 맡기었는데, 브라만의 지위가 높아지자 왕의 자리가 탐이 나서 왕을 살해하기로 마음먹었다. 그러나 마지막 순간에 가서 자기의 잘못을 깨닫고 왕 앞에 나아가 이 사실을 말하자 왕은 브라만을 용서해 주었지만 브라만은 잘못을 참회함과 동시에 사문이 되었다. 그리고 얼마 있지 않아 기적적으로 신통력을 얻었다.

그때 궁전 안에는 한 사람의 이발사가 있었는데, 브라만과 왕과의 사이에 일어난 일을 듣고 그도 역시 사문이 되기를 결심하고 출가하여 브라만의 제자가 되었다. 그리고 얼마 있지 않아 기적적으로 신통력을 얻었다. 이 둘은 함께 성인의 자리에 올랐으며, 왕은 이 둘을 방문하고, 두 성인께 절을 하면서 경의를 표하였다.

부처님께서 이 말씀을 마치고 지금의 부처님이 바로 브라만이며, 우팔리는 그때 궁전의 이발사였다고 들려주셨다. 이 전생담을 들은 많은 사람들은 부처님께서도 전생에는 탐심을 일으킨 적이 있었다는 것을 듣고 탐심은 중생을 번뇌의 세계에 묶어 놓는다는 것을 알았다.

우팔리존자는 부처님께서 제정하신 일체의 계를 빠짐없이 잘 지키셨으며, 모든 계를 암기하는 제자가 되었다. 그러나 계를 지키지 않는 제자들 눈에는 우팔리존자가 눈에 가시처럼 보였다. 그래서 이 사람들은 우팔리존자를 여러 가지로 괴롭혔다.

한때 우팔리존자가 부처님 가르침을 설명하려 하자 그 자리에 있던 제자들이 문을 닫아버렸는가 하면, 한 비구니가 다가와 불평하기를,

"우팔리스님, 당신은 언제나 문제만을 일으킵니다. 어떤 일이 일어날 때 마다 부처님께 가서 우리는 무엇을 해야 하며 무엇은 해서는 아니 되는가를 묻고, 그래서 우리 모두를 곤경에 빠트리는군요!"

우팔리존자는 이러한 일에 개의치 않았지만, 부처님은 다른 제자들을 만날 때 마다 우팔리존자가 어떻게 지나는지 묻곤 했다.

"비구들이여, 사람들이 우팔리를 어떻게 대우하고 있는가?"

"부처님, 어떤 사람들은 우팔리스님에게 존경을 표하지만, 다른 사람들은 존경은커녕 우팔리스님을 욕하기도 합니다."

이 말을 들으신 부처님께서는 무척이나 걱정이 되셨다. 그래서 제자들을 모아놓고 말씀하셨다.

"계를 잘 지키는 사람은 마치 어두운 밤에 밝은 등불과 같다. 맑은 마음을 가진 사람은 밝은 등불과 같고, 악한 마음을 가진 사람은 어두움을 좋아한다."

부처님께서 말씀을 마치시고, 우팔리 면전에 문을 닫은 비구
와 우팔리를 꾸짖은 비구니를 불러 사실여부를 묻자, 부처님
앞에서 감히 거짓말을 할 수 없어 모두 자신들의 잘못을 인정
하였다. 부처님께서는 이들을 크게 꾸짖으시고 계속해서,

　"계를 지키는 것은 타인으로부터 존경을 받고자 하는 일은
아니며, 계는 진리의 근간이 되고 승단의 화합을 위해서이다.
계를 지키지 않는 것은 진리를 어기겠다는 뜻이다."

　때때로 우팔리존자는 부처님과 함께 승단의 계에 관해서 말
씀을 나누시곤 하였다. 경전에 나타나 있는 율 제정의 계기가
된 사건 하나를 소개하면 다음과 같다.

　부처님 고향인 카필라의 석가족은 다른 부족과 결혼하는 것
을 엄격히 금지해 왔으며, 만약 이를 어기면 크게 벌을 내렸
다. 한때 이 나라에는 젊은 여인이 남편을 잃고 혼자 살고 있
었는데, 예나 지금이나 항상 그러하듯이 동리의 많은 젊은 사
람들이 호기심을 내었다. 이 여인이 마음으로 좋아하는 젊은
이가 있어 시동생의 결혼 제의를 받아들이지 않자 시동생은
이 여인을 해치기로 마음먹었다.

　어느 날 물에 약을 타 먹이고 여인이 실신하자, 여인을 구타
하고, 관가에 가서 보고하기를, "이 여인은 내 아내인데, 다른
부족의 남자와 정을 통하였습니다" 하였다. 오랜 잠에서 깨어
난 여인은 관가에 잡혀가면 죽을 것은 확실함으로 그곳에서 도
망쳐 사바티로 가서 비구니가 되어 부처님 승단에 숨어 있었다.

제1차 결집지 칠엽굴

　관가에서 이 사실을 알자 크게 노하여 곧 사바티로 한 관리를 보내 이 여인을 잡아 올 것을 명하였다. 이 나라 왕은 신하를 불러 사실여부를 묻자 신하는 답하기를, "그러한 여인이 이곳 승단의 비구니로 있습니다만, 출가한 비구니는 승단율에 의해 잡아올 수 없습니다" 하였다.

　이 소식을 들은 우팔리는 부처님과 이 내용을 상의하였다. 부처님께서는 이 여인이 죄가 없음을 아시고, 비구니를 승단에 머물러 있게 하였으나, 그 후로는 속가에서 죄를 지은 사람은 승단의 입단을 허락하지 않도록 하였다. 그리고 어느 누구도 지은 죄를 피할 목적으로 승단을 피난처로 이용해서는 아니 된다는 율을 세우셨다.

우팔리존자가 계를 지키고 율에 따라 생활해 온 것은 잘 알려진 사실이다. 그래서 승단에서 계나 율에 관한 일이 있으면 언제나 우팔리존자에게 와서 문의하였다. 부처님께서 열반에 드셨을 때 우팔리존자는 70세가 넘어있었다. 제1차 결집이 있었을 때 우팔리존자는 승단의 계율을 결집하도록 선발되었다. 그러나 존자는 이를 정중하게 거절하였으며, 가섭존자로 부터 수차의 청을 받고 비로소 수락하였다.

가섭존자는 우팔리존자에게 말하기를,

"존경하는 우팔리존자님, 승단의 요청을 사절하지 마십시오. 부처님께서는 열 네가지 계율을 존자님께 전해주셨습니다. 존자님께서는 부처님께서 제정하신 계율을 모두 암기하고 계시니, 이들을 염송해 주십시오."

이에 우팔리존자는 요청을 수락하고 각 계율이 언제, 어디에서 어떤 연유로 제정토록 되었는지를 일일이 염송하여 제1차 결집에 참가한 모든 승단원들을 감동시켰다.

우팔리존자는 인도 전통사회계급의 가장 하층인 수드라 출신이지만 승단에서는 높은 위치에서 부처님 제자로 많은 사람들의 존경을 받았으며, 우팔리존자의 이야기는 불교 승단의 평등사상을 말해주는 하나의 상징으로 오늘날까지 사람들의 입에 오른다.

☸ 아나타핀디카

〈아나타핀디카(Anathapindika)〉

아나타핀디카(Anathapindika) 또는 수닷다장자(Sudatta)는 부처님 생존 당시 사바티에서 가장 부유한 상인이었다. 수닷다 장자는 초기 부처님 전법 당시 가장 큰 후원자로서, 사바티에 있는 제다공원 속에 수도원을 지어 보시하였다. 이 수도원은 기원정사(祈園精舍)라 불리기도 한다. 이 수도원은 부처님 생존 당시에는 동북부 인도에서 가장 큰 수도원으로 알려져있다.

아나타핀디카는 사바티의 부유한 상인의 집안에서 태어났다. 어릴 적 이름은 수닷다여서, 후에 수닷다장자라 불렀다.

수닷다 장자의 별명은 아나타핀디카 였는데, 이 이름이 만들어진 연유는 장자가 빈민을 위해 많은 일을 해왔기 때문이다. 장자의 이명 아나타-핀디카는 천민(아나타)을 위해 공양을 베푸는(핀디카)데서 비롯된 것이다.

어느 해 수닷다장자는 사업차 왕사성에 있는 인척집에 가서 머무는데, 그 집의 인척이 부처님에 관해 귀띔을 해주어 가서 법문을 듣고 크게 깨달아 급기야 예류과에 들었다고 한다.

그 후 부처님을 뵙고 부처님의 청에 의해 코살라국 사바티로 돌아와 왕자의 소유인 제다공원을 구입하여 기원정사를 지어 보시하였다.

그후 계속해서 승단을 후원해 왔다. 기원정사에 머물면서 수행하는 수행자들을 위해 매일 많은 공양을 제공하였고, 기원정사 운영을 위해서도 필요한 자재를 제공하였다. 그래서 후에 불전에는 부처님 생존 당시 가장 큰 후원을 아끼지 않은 재가불자로 기록되어 있다.

배경

불교 역사를 통해서 보면 한 시대에 한 부처님이 탄생하면 그 부처님은 비구승단과 비구니 승단을 설립하여 중생의 수행을 돕고 포교하였는데, 각 승단은 두 분의 수좌가 있어서 승단 운영을 돕는 제자들을 이끌어 왔다. 그 뿐 아니라 교단마다 후원자가 있었는데, 두 분의 큰 후원자 가운데 한 분은 남자였고 다른 한 분은 여자였다.

고타마 붓다의 경우도 마찬가지이다. 승단으로 보면 비구승단은 사리불과 목건련존자가 승단을 맡아 왔고 수행자들을 도와 수행을 이끌어 갔으며, 비구니 승단은 케마비구니와 연화색 비구니가 그 일을 담당하였다.

또한 큰 후원자로서는 먼저 남자로서는 수닷다장자가 기원정사를 운영하는데 필요한 비용을 담당해 주었고, 여자로서는 비사카 부인이 재가불자들을 도와 포교사업을 이끌어 갔다.

팔리어 불전에 의하면 최상 연화불 당시 부처님을 도와 많은 봉사활동을 하는 재가불자 이야기를 듣고 자신도 다음 생에는 그와 같은 봉사활동을 하겠다고 서원을 세웠는데, 고타마 붓

다 시대에 와서 그 서원이 이루어진 것이다. 그 분이 바로 아
나타핀디카이다.

약력—성장기와 가족

아나타핀디카의 어린 시절 이름은 수닷다이다. 수닷다는 사
바티에서 제일가는 부호 상인의 아들로 태어났다. 그의 가족
가운데는 후에 부처님 10대 제자가 된 수보리가 있다. 수보리
는 해공제일 수보리이다.

수닷다가 결혼 연령이 되자 왕사성에 사는 부호 상인의 여동
생 푸나라카나와 결혼하였다. 수닷다는 불교로 전향하기 전
부터 남을 위해 자비를 배풀어
사람들 사이에 '아나타핀디카' 즉 가난한 사람을 도와주는
사람' 이라는 별명이 만들어질 만큼 천만불사에 앞장섰다. 수
닷다장자는 아들 하나와 딸 셋을 두고 살았는데, 며느리는 비
사카 부인의 누이 동생 수자타이다.

부처님을 만나다

불전에 전하는 바에 의하면 수닷다장자가 부처님을 만난 것
은 왕사성에서였다. 한때 수닷다장자는 사업차 인척이 사는
왕사성에 머물고 있었는데, 그곳 인척은 이미 부처님께 귀의
한 불자였다.
한번은 집안이 총 동원하여 잔치음식을 장만하고 있는 것을

보고 다음날 결혼식이 있거나 아니면 왕이 방문하는가 보다 생각하였다. 그래서 인척되는 사람에게 그 이유를 물으니 다음 날 정각을 얻으신 부처님께서 제자들과 함께 공양차 방문하게 된다고 하였다.

이 소리를 들은 수닷다장자는 크게 기뻐하면서, 정각을 얻은 분이 이 세상에 내려와 다음 날 그 곳을 방문한다니 다음 날을 기다리기 보다 당장 가서 만나보아야 하겠다고 서둘렀다.

다음 날 아침 일찍 일어나 부처님을 만나보러 집을 나서려 했으나 밖은 아직 먼동이 트기 전이었다. 비록 어두운 밖이긴 하지만 수닷다장자는 부처님이 오신다는 방향으로 걸어가니 친절한 야차가 귀에 대고 "어서 가십시오"하고 말했다.

어둠을 뚫고 얼마를 갔을 때 앞에서 "수닷다야 어서 오너라"하는 말이 들렸다. 수닷자장자는 크게 놀랐다. 자신의 어릴적 이름 수닷다를 아는 사람은 그 곳에는 없었기 때문이다. 그래서 수닷다는 이분이 분명히 부처님인 것을 확신하고 가까이 가서 부처님을 뵙고, 이야기 나누었는데, 그때 부처님은 사성제에 관해서 말씀해 주셨다. 이 법문을 들은 수닷다장자는 곧 예류과에 들었다.

부처님을 만나 본 아나타핀디카는 부처님께 공양청을 하였다. 공양을 마친 부처님께 아나타핀디카는 자신의 고향인 스바티에 승원을 지어드리면 제자들과 부처님께서 그곳에서 수행하실 수 있겠냐고 말씀드렸다. 이에 부처님이 수닷다 장자의 제의를 받아들이셨다.

　수닷다장자는 다음 날 곧 사바티로 돌아가 부처님과 약속한 수도원을 지을 장소를 물색했는데, 조건은 수도원은 마을에서 얼마간 떨어진 조용한 곳이어야 할 것이며 커다란 마을에서 너무 멀지 않은 곳이어야 한다. 왜냐하면 스님들이 매일 아침 마을로 나가서 공양을 탁발해 와야 하기 때문이다.

　그런데 이러한 수도원으로써의 좋은 조건을 갖춘 땅이 있는데, 이 땅은 코살사국 왕 파세나디왕의 아들 제다왕자의 소유였다. 수닷다장자는 곧 제다왕자를 방문하고 그 땅을 자기에게 팔기를 권했지만 왕자는 이 제의를 거절하였다. 이에 장자가 계속 땅 구입을 원하자 제다왕자가 제의하기를 누구든 그 넓은 땅을 금동전으로 덮을 만큼의 돈을 지불하면 팔겠다 하였다.

　이러한 조건을 그대로 받아들인 수닷다장자의 열정에 놀라기도 했지만 제다왕자는 전혀 땅을 팔 의사가 없었다.

　그러나 거래를 담당한 사람의 말에 의하면 일단 왕자가 값을 정했으니 그 값에 상당하는 돈을 지불하면 땅을 팔아야 된다고 하였다. 그래서 수닷다장자는 곧 자신의 금동전으로 땅을 덮기 시작하였는데, 가져온 동전이 동이 나자 남아있는 땅은 오직 입구에 해당하는 좁은 조각난 땅 뿐이었다. 이에 왕자는 수닷

마을 천민들을 위한 봉사활동

다장자의 신심에 감동하여 그 땅은 자신이 부처님께 보시하겠다 하여 마침내 장자는 수도원을 지을 땅을 구입하게 되었다.

또한 왕자는 자신도 부처님과 제자들을 위하여 기원정사를 짓는데 소요되는 목재를 공급하게 하여 얼마되지 않아 불교 최초의 승단이 머물 수 있는 커다란 수도원이 완성되었다.

계속해서 아나타핀디카는 승원에 필요한 가구와 필요한 생활도구를 구입해 왔다. 독일의 팔리어 불전학자 헬무스에 의하면 수닷다장자는 기원정사를 짓고 가구와 생활도구를 구입하는데 자신의 전 재산의 반이 넘는 거액을 승원건설에 투입했다.

이 승원은 후에 '기원정사' 또는 '제다숲'이라 불리기도 하

고, 또는 아나타핀디카의 이름을 따서 기수급고독원(祈樹給
孤獨園) 또는 약칭하여 급고독원이라 이름하기도 한다.

제일후원자

부처님은 수닷다장자와 비사카 부인을 제일후원자라 칭했
다. 수닷다장자는 우바새로서 가장 아량이 넓은 불자로 그리
고 비샤카를 가장 아량이 넓은 우바이라 칭했다. 수닷다장자
는 계속해서 기원정사로 음식과 약, 그리고 생활용품을 공급
하였으며, 자신의 집으로 탁발을 오는 스님들께 공양대접을
성대하게 하였다.

그 뿐만이 아니다. 수닷다장자는 기원정사를 유지하기 위해
자신이 부리는 하인들을 보내 필요한 곳을 수리하고 승원을
정비하였다. 수닷다장자가 장사차 사바티를 떠나면 그의 큰
딸이 이 일을 맡아 감독하게 하였다.

수닷다장자는 매일 하루에 두 번 부처님을 방문하였고, 왕사
성에서 부처님을 처음 만났을 때부터 보살 5계를 지켜왔다. 그
리고 자신의 가족은 물론 친구, 고용인, 하인, 그리고 주위의
모든 사람들에게 보살 5계를 잊지 않고 지키도록 권장하였다.

전하는 불전에 의하면 수닷다장자는 부처님을 불편하게 할
까 봐서 어떤 질문도 하지 않았다. 그러나 부처님은 때가 되면
아난타핀디카에게 법을 설하시곤 하였다. 그래서 수닷다장자

는 부처님의 가르침에 관해 많은 것을 알고 있었으며, 사람들과 법거량을 훌륭히 이끌어 나갔다.

한때 수닷다장자가 외도의 사원에 간 적이 있는데, 그 곳에서 법거량이 벌어져 토의가 일었는데, 토의를 통해 훌륭하게 외도를 격파시켰다고 한다.

아나타빈디카 장자와 비사카 부인은 고타마 부처님의 커다란 후원자이기도 하였지만 세속인들과 원만한 관계를 유지하는데 커다란 도움을 주었다. 부처님은 승원 주위의 마을 주민들과의 원활한 관계를 유지하기 위해 도움이 필요할 때는 두 사람 가운데 한 분에게 지시하여 일을 처리토록 하였다.

불전에 전하는 바에 의하면 한 때 나라안에 커다란 홍수가 나서 수닷다장자의 농토가 쓸려나갔다. 또한 여러 친구들에게 돈을 빌려서 구입한 땅이 홍수로 인해 모두 쓸려 나감으로써 막대한 손해를 보고 실로 하루 아침에 가난한 상인으로 추락하였다. 그러나 수닷다장자는 계속해서 기원정사를 도왔으며, 얼마 있지 않아 천신의 도움으로 잃은 땅을 회복하였다.

불전에 전해오는 바에 의하면 당시 수닷다장자의 집에는 한 천신이 살고 있었는데, 언제든 부처님이나 스님들이 장자의 집을 방문하면 천신은 장자의 집에서 나와 다른 곳으로 가야만 하였다.

그래서 천신은 장자에게 제의하기를 장자가 더 이상 옛날처럼 부호가 아니니 승원을 돕는 일을 끝내도록 권하였다. 그러나 장자는 크게 놀라서 말하기를 자신에게는 오직 세 보물이 있는데, 그것을 바로 3보로써 부처님, 부처님의 가르침 그리고 스님들이라며 천신의 권고를 즉시 거절하였다.

그리고는 천신에게 말하기를 천신은 더 이상 자신의 집에서 머무는 것을 환영하지 않으니 그곳을 떠나라고 명하였다. 이에 천신은 더 이상 갈 곳이 없어 33천에 있는 제석천왕에게 가서 사정을 말하자 제석천왕은 천신에게 말하기를 곧 가서 용서를 비는 뜻에서 땅에 숨겨놓은 주인없는 보물을 찾아 장자에게 넘겨주라 하였다.

이렇게 해서 천신의 도움으로 홍수 때문에 잃은 재산을 다시 찾고 전보다 더 큰 부자가 되었다고 한다.

칼라카니 이야기

불교에서 전하는 하나의 유명한 이야기는 칼라카니에 관한 것이다. 칼라카니는 흉조(凶鳥)라는 뜻으로, 아나타핀디카의 어릴적 친구로서 아주 가난한 가정에서 태어났다.

한번은 칼라카니가 갈 곳이 없어 도움을 청하자 장자는 그의 집에서 일을 할 수 있도록 주선해 주었다. 그런데 집안의 사람들이 천민이면서 흉조라는 이름 때문에 모두를 그를 멀리하였다. 그러나 수닷다장자는 이러한 집안사람들의 편애에도 불구하고 집안일을 돌볼 수 있도록 하였다.

그런데 장자가 사업차 집을 떠나 있을 때 도둑떼들이 몰려와서 집을 약탈하려 하자 칼라카니가 큰 소리를 지르며 마치 집안에 많은 사람들이 있는 것처럼 소란을 떨자 도둑떼들은 겁을 먹고 물러났다.

아나타핀디카의 사망

수닷다장자가 늙어 병이 들자 사리불과 아난존자가 방문하여 그를 위로하고 이 기회에 사리불이 존재의 무상함에 관해 법을 설해주었다. 이 세상 모든 것은 만들어진 것이며, 그래서 쉬지 않고 변하고 어떤 것도 영원히 존재하는 것은 없다는 것이었다.

이 법문을 들은 장자는 지금까지 들은 법문과는 전혀 다른 내용이라면서 크게 기뻐하였다. 실은 사리불은 재가불자에게 법을 설한 적이 없어 법문이 스님들을 위한 법문처럼 들렸기 때문이라고 하였다.

사리불과 아난존자가 떠난 후 얼마 있지 않아 아나타핀디카는 타계하였다. 불전에 의하면 수닷다장자는 타계하여 천상에 올라가 도솔천에 태어났다고 한다.

아나타핀디카는 도솔천에서 비사카 부인과 도리천의 왕 사카와 함께 살게 되었다.

공적

불교에서 아나타핀디카는 불교 역사상 가장 광대한 보시의 공덕을 실천한 사람으로 기록되어있다. 그는 살아있는 동안 기원정사에 필요한 모든 것을 주기적으로 공급하여 그곳에 머물고 있는 부처님과 스님들을 안전하게 수행할 수 있도록 하였으며 매일 수백 명의 스님들께 공양을 제공하였다.

부처님께서 말씀하시기를 수닷다장자는 보시의 공덕을 완성하는데 어떤 사람도 그를 능가할 수 없었고 어느 누구도 그를 말릴 수 없었다고 하였다.

한때 그가 기대치 않았던 홍수로 인해 가난한 상인으로 전락하기도 하였지만 이러한 역경 속에서도 보시의 공덕을 잊지 않고 실천하였다는 것은 실로 보기 드문 모범적 불자의 모습이었다. 그러나 이렇게 쌓은 그의 공덕 때문에 홍수로 잃은 재산을 짧은 시일 안에 복원할 수 있었다.

아나타핀디카의 후원은 불교에 커다란 자국을 남겨놓았다. 기원정사가 있었던 사바티는 그 후 불교의 중심지가 되었고, 기원정사에서 설한 법문은 많은 경전으로 결집되어 후세에 전해오며, 부처님 생전에 19번의 우기 안거를 기원정사에서 지냈으니 이는 어느 곳보다 불교역사에서 기원정사의 중요성이 잘 드러나 있다.

사바티에는 기원정사와 함께 비사카 부인이 세운 미르라마 투파사다 승원이 있어 부처님 당시에는 부처님은 양 승원을 바꾸어 가며 머무르셨다고 한다.

이 때문에 코살라국의 왕 파세나디도 부처님 후원에 앞장섰으며, 많은 사람들이 왕을 따라 불자로 전향하였다.

종교연구가인 톳 루이스에 의하면 아나타핀디카의 이름은 불전 속 여러 곳에 나타나 아세아 불교국가에서는 자주 입에 오르는 이름 가운데 하나가 되었다. 불교학자 본드는 말하기를 재가불자에게 출가자의 열반에 버금가는 공덕은 바로 보시 공덕이라고 강조한다.

전설에 의하면 수닷다장자의 조카(형님의 아들) 수보리는 장마에 떠내려간 금은보화 때문에 미쳐 산천과 들판으로 돌아다니다가 부처님을 뵙고 그 미친 병이 나아 출가하였고, 수닷다장자의 큰며느리 옥야는 전통적 장자집안의 외동딸로 시집와 사람의 도리를 모르고 설치다가 뱃속에 종기가 생겨 죽을 고비를 겪고 있는데 부처님이 오셔서 병을 치료하고 새 사람이 되어 옥야경이란 효부경이 만들어지기도 하였다.

◎ 암바팔리

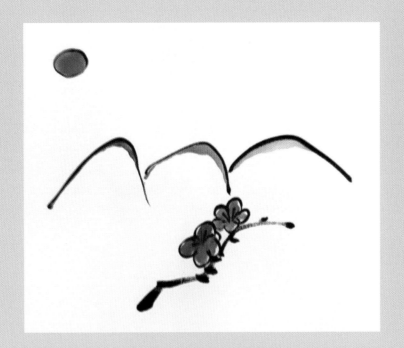

〈암바팔리경(Ambapali)〉

부처님 생존 당시 많은 사람들이 부처님께 법을 청해왔다. 그 가운데는 왕도 있었고, 돈이 많은 장자도 있었으며, 가난한 농부도 있었다. 당시의 사회 계급에 구애 없이 또한 남녀를 불문하고 사람들이 부처님께 법을 설해줄 것을 청해왔는데, 그 중 아름다운 자태를 지닌 기생으로 당시 동북부 인도에 있던 여러 나라의 왕과 왕자들이 탐을 냈던 암바팔리라는 여인이 있었다.

부처님과 동 시대 사람인 암바팔리(Ambapali)라는 궁전 기생이 있었다. 이 여인은 때로 암라팔리(Amrapali)라고도 불리었는데, 부처님과 제자들이 우기 안거 때면 자주 머무르셨던 바이살리에 살았다. 당시 인도 말로 망고를 [암바]라 불렀는데, 망고 나무 숲에 버려져 양부모 밑에서 자랐기 때문에 암바팔리라 이름 하였다. 자라면서 자태가 어여쁘고 행동이 우아하며 고상하여 많은 남자들, 특히 왕자와 귀공자들의 탐색(貪色)의 대상이 되었는데, 이러한 어려움에서 벗어나기 위해 자진해서 궁전으로 들어가 궁중 기생이 되었다. 당시 마가다국의 이웃에 있는 나라의 왕 아자타사트루는 마가다국에 쳐 들어가 이 여인을 탈취해 왔으며, 이 두 사람사이에 [비말라 콘다나]라 불리는 아들을 두었다.

이렇게 기구한 운명의 여인이 부처님을 만나 법을 듣고 출가하여 비구니가 된 이야기는 남방불교 불자에게는 잘 알려진 아함부경전 속에 담겨있으며, 북방불교의 율장에도 이 여인을 비견하여 율을 설하신 부처님 말씀이 전해오기도 한다.

어느 날 부처님은 제자들과 함께 바이샬리 마을을 지나게 되었다. 부처님께서 이 마을로 오신다는 소식을 들은 암바팔리는 부처님과 제자들이 망고 나무 밑에서 편안히 쉴 수 있도록 자신이 소유하고 있는 망고 숲에서 머물기를 청하였다. 비록 아름답고 우아하나 자신의 처지를 너무나 잘 알고 있는 암바팔리는 감히 부처님을 찾아와 뵐 용기가 없었다. 며칠이 지나서 한 하인이 와서 암바팔리에게 말했다.

"마님, 어제는 많은 사람들이 신을 벗고 망고 숲에 들어갔습니다. 묻기를 왜 신을 벗고 망고 숲에 들어가느냐고 했더니 대답이 그곳에는 한 왕자가 왕의 자리를 버리고 출가하여 깨달음을 얻고 진리를 펴기 위해 나라 방방곡곡을 돌아다니시는 부처님께서 쉬고 계시기 때문이다라고 하였습니다."

이 말을 들은 암바팔리는 더 이상 참을 수 없어 곧 마차를 타고 망고 숲으로 달려갔다. 망고 숲 입구에 도착한 암바팔리는 마차에서 내려 다른 사람처럼 신을 벗고 몸에 지니고 있는 온갖 장식물을 제거한 후 조용히 걸어들어 갔다. 커다란 나무 밑에 결가부좌를 하고 두 손으로 선정인을 만들고 앉아 계신 분의 머리 뒤에는 한 밤중의 달처럼 후광이 비추어 지고 있는 것을 보면 그분이 부처님인 것만은 틀림없다고 생각했다. 부처님을 처음 본 암바팔리는 너무나 감격하여 흐르는 눈물을 억제하지 못하였다. 천천히 부처님께 다가가 부처님 앞에 이르자 곧 엎드려 머리를 땅에 대고 부처님께 절을 올렸다.

선정에서 깨어나신 부처님께서는 암바팔리를 보자 일어나 앉기를 권하고, 곧 이 여인에게 법을 설하셨다. 암바팔리는 부처님 말씀이 마치 오랜 가뭄 후 오는 비를 땅이 빨아드리듯 하나도 빠트리지 않고 들은 후 부처님과 제자들을 자신의 집으로 초청하였고, 부처님께서는 기꺼이 공양 초청을 수락하셨다.

이때 마침 바이살리에서 잘 알려진 귀공자 한 사람이 부처님께 경배를 드리려 도착하였다. 망고 숲 문간에 들어선 리차비 귀공자는 암바팔리가 다음날 공양을 위해 부처님을 초청하였다는 사실을 알았다. 리차비(Licchavi)는 당시 바이살리 지방에 살던 부족의 이름으로, 우리에게 잘 알려진 유마거사도 이 리차비 부족이었다. 리차비 귀공자는 문밖으로 나가는 암바팔리를 멈추게 하고 말하였다.

"암바팔리야, 내일 부처님 공양 초청의 명예를 나에게 넘겨주면 많은 금을 대신 너에게 주겠다."

"죄송합니다만 그렇게는 할 수 없습니다. 귀공자님의 부족이 사는 바이살리를 다 준다 해도 이 명예만은 어느 누구에게도 양보할 수 없습니다."

이 대답을 들은 귀공자는 화를 내고, 곧 부처님께 다가가 자기에게도 부처님께 공양을 대접할 기회를 줄 것을 요청했다. 그러자 부처님께서 말씀하시기를,

"어렵게 되었구나. 이미 암바팔리에게 약속을 한 것이니 어쩔 수 없게 되었다."

다음 날 아침 일찍 찹쌀로 지은 밥에 우유를 섞은 공양을 준비한 후 하인을 보내 공양준비가 되었다고 부처님께 전했다. 이 전갈을 받은 부처님은 다른 날과 같이 제자들과 함께 발우를 들고 암바팔리가 사는 집을 향에 갔다. 아침 공양을 마치신 부처님께서는 곧 자리를 마련하고 암바팔리와 그녀의 가족들에게 법을 설하셨다.

부처님께 꽃을 올리는 암바팔리

부처님의 설법이 끝나자 암바팔리는 작은 방석을 가지고 부처님 곁에 다가와 합장을 하고 말하였다.

"부처님, 저의 소유인 망고 숲을 부처님과 부처님 제자들에게 보시하고 싶습니다. 원하신다면 받아주십시오."

부처님은 암바팔리의 순수한 마음을 알아 보시고 곧 이를 받아들였다. 이렇게 해서 부처님을 만난 암바팔리에게는 인생의 새로운 계기가 마련되었다. 얼마 후 암바팔리는 부처님께 귀의하고 출가하여 비구니가 되었다.

경전에 의하면 마치 더러운 진흙 구덩이에 뿌려진 하나의 연꽃 씨가 아름다운 연꽃을 피우듯 망고숲에 버려진 암바팔리는 마침내 아라한과를 득하였다고 한다.

또한 아자타사트루왕과의 사이에서 출생한 비말라 콘다나도 출가하여 비구승이 되었다.

이 일이 있은 후 부처님과 제자들은 바이살리를 떠나 벨루바라고 하는 마을로 옮겨갔으나 곧 우기가 다가 옴으로 그 해의 우기 안거를 위해 다시 바이살리로 돌아와 망고숲에 정사를 짓고 안거를 지냈다.

부처님 열반 후 250년이 지난 후 마울리아국의 왕 아쇼카대왕은 이곳을 순례하고 암바팔리를 기리기 위해 이곳에 석주를 세웠다. 이 석주는 오늘날까지 남아 이 곳을 찾는 사람들이 그녀의 선행을 기리고 있다.

아래의 게송은 장로비구니 게송집 안에 들어있는 것을 우리
말로 번역하여 옮겼다.

〈한 때 나는〉

한 때 내 머리카락은 칠흑같이 검고 빛났다네.
늙은 지금 그 머리카락은 삼베나 나무껍질 같고…
그렇지 않다고 말한다면 나는 진실을 말하지 않는 것이 되네.

한 때 꽃으로 장식된 내 머리는
달콤한 향기를 담은 향료병 같았다네.
늙은 지금 내 머리는 토기 껍질 같은 냄새만 풍기고…
그렇지 않다고 말한다면 나는 진실을 말하지 않는 것이 되네.

한 때 내 눈썹은 화가가 그린 그림처럼 사랑스러웠네.
늙은 지금 내 눈썹은 주름과 함께 처져있고…
그렇지 않다고 말한다면 나는 진실을 말하지 않는 것이 되네.

한 때 내 눈은 검고 밝아 반짝이는 보석 같았네.
늙은 지금 내 눈은 색 바랜 색깔로 침침하고…
그렇지 않다고 말한다면 나는 진실을 말하지 않는 것이 되네.

한때 나의 목소리는 숲 속의 꾀꼬리 노래 같았네.
늙은 지금 내 목소리는 쉬고 까칠해져서…
그렇지 않다고 말한다면 나는 진실을 말하지 않는 것이 되네.

한 때 내 손은 보석과 금으로 장식되어 부드럽고 아름다웠네.
늙은 지금 그 손은 나무뿌리처럼 뒤 틀리고…
그렇지 않다고 말한다면 나는 진실을 말하지 않는 것이 되네.

한 때 나의 몸은 잘 닦은 금항아리처럼 사랑스러웠네.
늙은 지금 몸은 작은 주름으로 덮여있고…
그렇지 않다고 말한다면 나는 진실을 말하지 않는 것이 되네.

한 때 나의 발은 부드러운 솜털로 덮여있었네.
늙은 지금 내 발은 틈이 가고 시들어서…
그렇지 않다고 말한다면 나는 진실을 말하지 않는 것이 되네.

한 때 내 몸은 이렇게 아름답고 사랑스러웠네.
그런데 지금 내 몸은 거친 가죽으로 덮여있고
수 없이 많은 질병(疾病)이 담긴 그릇이 되고…
그렇지 않다고 말한다면 나는 진실을 말하지 않는 것이 되네.

이 이야기와 노래를 들은 한국의 명기 법연화는 한 때 종로

1번지에 국제극장을 가진 큰 부자였으나 그것을 일찌기 보시하여 설법장으로 쓰고 그의 집은 송광사 구산스님께 바쳐 지금 법연사라는 이름다운 절이 되었으니 상전이 벽해가 되고 벽해가 상전이 된다는 말이 이를 두고 한 말이 아닌가 생각되네...

누구고 생각이 나면 중앙청 옆에 있는 법연사를 가 보세요. 지금도 거기서는 매주 토요일과 일요일에 망고동산에서 이루어졌던 법회가 이루어지고 세계 각국에서 한국을 방문하는 수행자들의 숙소가 되어 있습니다.

☸ 장로비구니 구담미

〈장로비구니 구담미〉

팔리어 경전 소부니카야는 중국어로 번역이 되지 않아 대승 불교권에서는 많이 알려지지 않았다. 이 경은 모두 15품으로 나누어져 있는데, 그 가운데 9번째 품에는 비구니로서 아라한과에 든 성인들이 출가 전 겪었던 처참한 삶의 이야기들이 실려 있다. 그 중에서 대승권에 알려져 있는 이야기 가운데 하나는 아들을 잃고 커다란 슬픔에 빠져 있는 어머니를 그린 구담미경이다. 이 경은 아함부 경전 잡아함에 짧게 소개되어 있으며, 불교의 죽음에 관한 견해가 잘 설명되어 있다.

〈구담미경〉
나는 이렇게 들었다.
수천 년의 세월이 흘러
부처님 시대에 와서 천인과 인간 사이
사바티 마을에 한 소녀가 태어났다.
소녀의 이름은 고타미-팃사(Gotami-Tissa)인데
나면서부터 너무 말라서
사람들이 '말라깽이 고타미' 라 놀렸다.

결혼을 해서 신랑 집에 갔더니
그 곳 사람들이 '가난한 집안의 딸' 이라 부르며 천대하였는데,
아들을 낳으니

사람들이 존경하기 시작하고
아들은 뛰어다니며 잘 자라다
어느 날 갑자기 이 세상을 떠났다.

아들을 잃은 어머니는 미칠 것처럼 슬퍼서 생각하기를,
'전에는 온갖 천대를 받았고,
아들을 낳고 존경을 받기 시작하였는데,
이제 아들이 죽었으니
시체를 묘지로 가지고 갈 것이 아닌가.'
아들을 잃은 미칠 것 같은 슬픔으로
아들 시체를 옆에 끼고
동리 집들을 찾아다니며
애원하기를,
"내 아들을 살릴 수 있는 약을 주십시오!"
사람들은 조롱하면서 말하기를,
"죽은 아들에게 약이 무슨 소용이 있겠느냐!"
그러나 그녀는 이 말의 뜻을 알지 못했다.

그러자 한 현인이 생각하기를,
이 여인은 아들을 잃은 슬픔에 마음이 어지러우니
10력을 가진 부처님께서는
이 여인을 위한 약을 알고 계실 것이다.
그래서 말하기를,

"여인이여, 깨달음을 얻으신 분에게 가서
당신의 아들을 위한 약을 주십사 말해보시오."

고타마-팃사는 수도원으로 부처님을 찾아 갔는데
그때 부처님께서는 법을 설하고 계셨다.
그녀는 말하기를,
"존경하는 분이시여, 내 아들을 위해 나에게 약을 주십시오."
이 말을 듣고 부처님은 그녀의 사정을 알고서 말씀하시기를,
"가서 마을에 들어가 죽음을 경험하지 않은 집을 찾아
겨자씨를 얻어오너라."
"알았습니다." 그녀는 대답하고,
기쁜 마음으로 마을로 내려가 첫 번째 집을 찾아 갔다.
"스승님께서 겨자씨를 찾고 있습니다.
이 집안에 전에 죽음을 경험한 적이 없으면
나에게 한 알의 겨자씨를 주십시오."
"이 집안에서 몇이나 죽었는지 누가 셀 수 있단 말인가?"
"그렇다면 이 집의 겨자씨는 나에게 무슨 소용이 있겠습니까?"

그렇게 해서 둘째 집, 셋째 집 다니다 보니
그녀의 마음에서 미칠듯한 슬픔은 떠나고
고요한 마음이 자리를 잡았다.
부처님 공덕에 감사드립니다.

그녀는 생각하기를,

"온 마을이 이와 같을 것이다.

나를 위해서 존경하는 분은 자비심으로

나에게 진리를 보여주셨다."

이로써 정신적 위안을 받고

아들의 시체를 묘지로 가지고 가서 묻었다.

그리고 다음과 같은 게송을 읊었다.

이 진리는 한 마을이나 한 고을의 것이 아니고

한 집안의 것도 아니며,

천신과 사람이 사는 세상의 것이다.

영원히 변하지 않는 것이 없다는

무상은 우주의 진리이다.'

이렇게 말하면서 부처님께 갔다.

부처님께서는 말하기를,

"그래 고타미야, 겨자씨를 얻어왔느냐?"

"겨자씨를 얻는 것은 마쳤습니다. 스승이시여,

스승님은 나의 본마음을 찾아주셨습니다."

그래서 부처님은 다음과 같이 게송으로 말씀하셨다.

"바른 마음을 잃고 소유물이나 아들에게

매달리는 마음을 가진 사람은
다가오는 죽음에 밀려 떠내려간다.
마치 힘센 홍수가 잠자는 마을을 쓸어가듯.”

이 게송을 끝으로 그녀의 예류향과(預流果)를 증명하시자
그녀는 스승에게 출가할 것을 요청하였다.
부처님께서 출가를 허가하시니
그녀는 부처님께 세 번 절하고
비구니 승단에 입단하여 계를 받았다.

머지않아 고타미-팃사는
수행을 쌓고
지혜를 길러
아라한이 되었다.

  불교학자 올렌스키의 해설

살아있는 사람에게 가장 확실한 사실 하나는
언제인가 누구에게나 죽음이 찾아온다는 것이다.
이러한 생각은 그 깊이에 차이가 있을지 몰라도
모두를 두려움과 불안으로 몰아간다.
그것은 우리 마음속에는
삶에 매달리는 끈이 있기 때문이다.
한편 사람들은 마음 속 어디인가에

값진 놀랄만한 무엇이 있다고 믿는다.

이 때문에 우리 안에는 깊게 뿌리 박힌
긴장이 자리 잡고 있다.
이 긴장은 오래 살려는 강한 의욕과
이에 반해서 죽음의 확실성 안에 생기는 긴장이다.
말할 것도 없이 이 긴장은 불안감과 고통의 원인이 된다.

무엇이든 우리가 이룩한 것들은 종국에는 멸한다.
그것이 사업이든, 타인과의 관계이든,
또는 어마어마한 집이든, 또는 높은 지위든 간에
끝내는 모두가 사라진다.
우리는 언젠가는 사랑하는 사람들과
헤어지게 된다는 것도 안다.

이러한 일을 우리는 어떠한 태도로 받아들여야 할까.
대저 사람들은 죽음을 나로부터 가능한한
먼 미래 시간으로 밀어버리려 한다.
그런가 하면 우리가 하는 일에 열중하거나
기쁨을 주는 것들과 함께 하려한다.

그렇다고 죽음을 완전히 망각한 것은 아니고,
때로 조용히 죽음을 생각한다.

과학적으로 사람들이 하루에 몇 번이나 죽음을 생각하는지
통계를 산출해 보는 것도 흥미로운 일이다.
그러나 죽음을 가장 먼 훗날로 미루는 사람에게는
주위에서 친지의 죽음은 하나의 충격으로 다가온다.
물론 이는 대단히 슬픈 일이고
우리에게 좌절감을 가져다준다.

팔리어 경전은 비통에 빠진 어머니와
겨자씨 이야기를 통해서
죽음에 관한 인간의 고통을 생생하게 전하고 있다.
죽음은 하나의 현실로서 이를 피하려 해서는 아니 된다고
부처님은 가르쳐 왔다.
그보다 우리는 죽음을
아침에 해가 동쪽에서 떠오르는 것처럼
하나의 사실로 받아들여야 할 것이다.

다비장으로 가는 장례행렬

부처님께서는 죽음을 어떻게 받아들이셨는지 알아보자.

부처님께서는 열반에 앞서 제자들을 불러놓고

무상은 삶의 속성 가운데 하나라고 말씀하시고,

한편 삶은 귀중한 것이니 바른 삶을 살도록 노력하라.

죽음은 나의 끝이 아니며,

삶이 지닌 하나의 진실로써

이를 알고 바른 삶을 살도록 노력하라 하셨다.

☸ 앙굴리말라

〈앙굴리말라경(Angulimala Sutta)〉

나는 이렇게 들었다. 한 때 세존께서 사바티에 사는 아나타핀디카가 보시한 기수급고독원에 머물고 계실 때 앙굴리말라라고 하는 포악한 도적이 그 지방에 살고 있었다. 이 도적은 어찌나 난폭하고 피에 주려 있는 사람인지 조금의 자비심도 가지고 있지 않았으며, 사람의 손가락을 잘라 그것으로 목걸이(말라)를 만들어 목에 걸고 다녔다.

그때 부처님께서 아침 일찍기 법의를 걸치고 탁발을 하기 위해 사바티 마을로 내려가셨다. 탁발을 하고 돌아와 아침 공양을 마치시고는 자리를 정리하시고 난 후 다시 법의와 발우를 들고 앙굴리말라가 사는 곳으로 가셨다.

농부와 소 그리고 양들이 부처님께서 앙굴리말라가 거처하는 곳으로 가시는 것을 보고 모두 놀라 말하였다.
"부처님, 그쪽으로 가시면 아니 됩니다. 그 길로 가시면 앙굴리말라가 거처하는 곳에 닿게 됩니다. 이루 말 할 수 없이 포악하고 피에 굶주려 있으며, 사람을 보는 대로 죽이고, 생명을 가진 유정에게 조금의 자비심도 보이지 않는 사람입니다. 앙굴리말라는 마을에 들어와 사람들을 위협하고 몰아내어 촌락들을 비게 만들며, 그가 가는 곳이면 어느 마을이든 텅텅 비어 마을이 곧 황폐하게 됩니다.

그 뿐만이 아닙니다. 이루 말 할 수 없이 많은 사람들을 죽여 손가락을 잘라 목걸이를 만들어 지니기 때문에 이곳을 지나는 사람들은 모두 공포에 떨면서 혼자서는 지나가지 못하고 열, 스물, 어떤 때는 마흔이 넘는 사람들이 모여 함께 넘어가야만 합니다."

그래도 부처님께서는 마을 사람들의 이야기를 듣지 못했는지 아무런 반응도 보이지 않으면서 그대로 가시던 길을 가셨다. 마을사람들은 이러한 부처님을 보고는 겁이 나서 다시 큰 소리로 말했습니다.

"그곳으로 가시려면 적어도 마흔 사람과 함께 가셔야 안전합니다. 때로는 마흔 사람이 함께 가도 피해를 보는 때도 있습니다."

그러나 부처님은 이러한 마을 사람들의 만류에도 불구하고 가시던 길로 계속 걸어가셨다. 부처님께서 얼마를 가자 앙굴리말라가 부처님께서 오시는 것을 보고 혼자 중얼거렸다.

"이것 정말 믿을 수 없는 일이구나. 마흔 명의 사람이 함께 와도 모두 겁에 질려서 숨을 죽이고 지나가는데, 혼자서 겁도 없이 나타나다니. 이 사람을 죽이는 것은 식은 죽 갖 둘러 먹기다."

하고는 창과 칼을 들고 쇳소리를 내면서 부처님 뒤를 바짝 따랐다. 이때 부처님께서는 신통력을 써서 앙굴리말라가 아무리 빠른 걸음으로 따라 붙어도 평보로 걸어가시는 부처님을 따라 잡을 수 없게 하였다.

그러자 앙굴리말라는 혼자 생각했다.

"이거 정말 이상한 일이구나. 전에는 빨리 달리는 코끼리나 말, 때로는 잽싸게 날뛰는 사슴들도 따라 잡을 수 있었는데. 온 힘을 다 해서 달려도 평상걸음으로 걸어가는 사람을 잡을 수 없다니."

그래서 앙굴리말라는 숨을 헐떡이면서 달려가 앞에 가는 부처님께 소리를 질렀다.

"이 고행자야, 좀 멈추어라. 멈추란 말이다."

그러자 부처님께서 돌아서서 말씀하셨다.

"앙굴리말라야, 나는 이미 멈추었다. 네가 멈추어라."

그러자 앙굴리말라에게 한 생각이 떠 올랐다.

"이 석가족의 고행자는 진실로 진리만을 말하고, 진리를 세상에 전하며, 그러나 탁발을 하면서 살아가는 수행자로구나. 그러니 걸어가면서도 '나는 이미 멈추었다. 이제 네가 멈추어라' 하니 이 말의 뜻이 무엇인지 물어보아야 하겠다."

그래서 포악한 산도적 앙굴리말라는 다음과 같은 게송으로 부처님께 말했다.

"걸으면서 수행하는 자여,
당신은 말하기를, '네가 멈추어라'
그래서 멈추었는데,
나를 보고 멈추지 아니했다 하니
이것이 무슨 뜻인지 알 수 없습니다.
당신은 무엇을 멈추었는데

나는 그것을 멈출 수 없단 말입니까?"

그러자 부처님께서 말씀하셨다.

"앙굴리말라야, 나는 이미 그리고 영원히 멈추었다. 일체의 산 생명에 대한 악한 감정을 털어버렸는데 너는 산 생명을 빼앗고 악한 행위를 계속하니 나는 멈추었는데 너는 멈추지 못하고 있지 않느냐."

앙굴리말라가 말했다.

"존경하는 성자시여, 마침내 성자님께서 이 깊은 숲 속까지 오셨습니다. 이제 성자님의 법문을 들었으니 일체의 악을 버리고 다르마의 길을 가겠습니다."

그래서 산도적은 칼과 창을 깊은 절벽 아래로 던져 버리고 엎드려 여래의 발에 머리를 대고 부처님의 제자가 될 것을 서원했다. 그러자 깨달음을 얻으시고 자비로 인간과 천인의 스승이 되신 부처님께서 말씀하셨다.

"오라, 나의 비구여."

이 것은 부처님께서 제자들에게 계를 내리면서 항상 하시는 말씀이다. 이 말씀은

"나의 가르침 안에서 청정한 범행을 닦아 괴로움에서 완전히 벗어나도록 하라"

이렇게 해서 앙굴리말라는 부처님의 제자로서 비구가 되었다.

그래서 부처님은 앙굴리말라와 함께 사바티를 향해 내려와서 마침내 사바티에 도착하였다. 그리고 아나타핀다카의 정원 급고독원에서 부처님과 함께 머물렀다. 그때 많은 사람들이 코살라국 파세나디왕이 사는 궁전 앞에 모여 큰 소리로 소란을 피면서 말했다.

"왕이시여, 우리나라에 포악한 산도적 앙굴리말라가 와 있습니다. 앙굴리말라는 피에 굶주려 있으며, 포악하고, 조금의 자비심도 가지고 있지 않으며, 마을에 들어오면 그 마을은 곧 황폐해집니다. 많은 사람을 죽이고, 죽인 사람의 손가락을 잘라 목걸이를 하고 다니는 잔인무도한 자입니다. 왕이시여, 이 무도한 도적을 한시 바삐 잡아 처치하십시오."

그러자 파세나디왕은 500명의 근위병을 데리고 사바티를 나와 급고독원으로 들어갔다. 마차가 닿을 수 있는 곳까지 들어와서 왕은 마차에서 내려 부처님이 계신 곳까지 걸어갔다. 부처님 앞에까지 온 왕은 부처님께 머리 숙여 인사를 하고는 한쪽 자리에 앉자 부처님께서 물으셨다.

"왕이시여, 어떤 일로 여기까지 오셨습니까? 혹시 마가다국의 빔비사라왕이 화를 내게 했습니까, 아니면 바이샬리의 리차비족이나 다른 이웃나라 왕이 도전해 오기라도 했습니까?"

"세존이시여, 그런 일은 없습니다. 마가다국의 빔비사라왕이 나를 화나게 한 것도 아니고, 바이살리에 사는 리차비족이 도전해 온 것도 아닙니다. 사람들이 말하기를 포악한 산도적 앙굴리말라가 이곳에 와 있다 해서 이 산도적을 처치하기 위해 여기까지 왔습니다. 앙굴리말라는 포악하고, 사람을 셀 수 없이 죽였으며, 잔인하고 마을에 들어가면 그 마을이 황폐해진다고 해서 국민들이 어찌할 바를 모르고 있습니다. 무엇보다 사람의 손가락을 꿰서 만든 목걸이를 하고 다닌다니 이 자는 마땅히 벌을 받아야 합니다."

그러자 부처님께서 말씀하셨다.

"위대하신 왕이시여, 왕께서 찾는 앙굴리말라가 머리와 수염을 깎고, 황색 가사를 입고는 출가하여 수행자의 삶을 살기로 했다면 어찌 하시겠습니까? 앙굴리말라는 출가하여, 일체의 유정에 자비심을 베풀며, 주지 않는 물건은 취하지 않고, 거짓말을 하지 않으며, 하루에 한 끼만의 공양을 하고, 덕 있고 훌륭한 인격을 완성하기 위하여 수행하는 스님이라면 어찌 하시겠습니까?"

"부처님, 만약 그런 앙굴리말라가 있다면 우리는 그에게 머리 숙여 절을 하고, 앉을 자리를 내 줄 것이며, 법복과 발우, 그리고 머무를 수 있는 거처를 마련해 줄 것이고, 병이 들면 간호사를 제공할 것이며, 도적으로부터 보호하기 위해 호위병을 배치할 것입니다. 그러나 악한 인격자가 하루 사이에 어떻게 그런 덕 있는 사람으로 바뀔 수 있을까요."

이때 앙굴리말라 스님은 부처님으로부터 멀리 떨어지지 않은 곳에 앉아 있었다. 그래서 부처님께서는 파세나디왕에게 오른 팔을 들어 앙굴리말라를 가리키면서 말했다.

"위대하신 왕이시여, 저기 앉아 있는 저 분이 바로 앙굴리말라 스님입니다."

그러자 앙굴리말라 스님을 본 왕의 머리는 위로 치 솟고 두려움이 온 몸을 감쌌다. 이러한 왕의 반응을 알아차린 부처님께서 말씀하셨다.

"왕이시여, 두려워하지 마십시오. 앙굴리말라 스님은 남을 해치지 않습니다."

그러자 왕의 두려움은 곧 사라졌다. 왕은 앙굴리말라 스님에게 가까이 가서 말했다.

"스님이 정말로 누구와도 비할 수 없이 포악하다는 앙굴리말라입니까?"

"네, 그렇습니다. 왕이시여."

"스님의 아버지는 어떤 부족입니까? 어머니는 어떤 부족입니까?"

"저의 아버지는 가가족이며, 어머니는 만타니족입니다."

"그렇다면 저의 스승인 가가 만타니붓트라께서는 스님께서 이곳에 머물고 계신 것을 기쁘게 생각하실 것입니다. 스님의 법복과, 공양, 거처, 그리고 약은 제가 공양토록 하겠습니다."

이때 이미 앙굴리말라 스님은 탁발스님으로서 세 벌의 법복 가운데, 한 벌은 몸에 걸치고 있었으며, 다른 한 벌은 분소의로 마련하였다. 그래서 스님은 왕에게 말했다.

"왕이시여, 감사합니다. 그러나 나에게는 이미 세 벌의 승복이 마련되었습니다."

그래서 왕은 스님의 곁을 떠나 다시 부처님께 와서 머리 숙여 인사를 드리고 옆 자리에 앉았다. 그리고 말했다.

"세존이시여, 정말로 믿어지지 않는 일입니다. 어떻게 야수와 같은 사람을 길을 들여 점잖은 스님이 되게 하였고, 난폭한 사람을 평화로운 마음을 지니게 하였으며, 날카로운 무기 없이는 제어할 수 없는 사람을 무기 하나 없이 제어하셨다니 정말로 믿어지지 않습니다. 세존이시여, 저는 속히 궁전으로 돌아가겠습니다. 할 일이 너무 많은 것 같습니다."

"그렇습니다, 왕이시여. 지금 생각하신 일은 곧 실천에 옮기셔야 합니다."

그러자 파세나디왕은 곧 자리에서 일어나 부처님께 머리 숙여 인사를 하고 오른쪽으로 돌아 떠났다.

하루는 아침 일찍 앙굴리말라 스님은 법복을 입고 발우를 들고는 탁발을 나섰다. 한 집 한 집 탁발을 하는데, 한 집에 갔더니 안에서 골반분만으로 심한 고통을 받고 있는 산모를 보았다. 고통 때문에 소리를 지르고 있는 산모를 본 앙굴리말라 스님은 생각하였다.

"삶이란 얼마나 고통스러운 일인가. 진실로 삶이란 고통스러운 일이 아닌가."

앙굴리말라 스님은 속히 탁발을 끝낸 후 돌아와 아침 공양을 마치고 부처님 계신 곳으로 갔다. 도착하자 머리 숙여 인사를 드리고 오른쪽에 앉았다.

"부처님, 오늘 아침 다른 날과 같이 일찍 사바티로 탁발을 나갔습니다. 한 집 한 집 탁발을 다니다가 어느 집에서 골반분만으로 고통을 겪고 있는 산모를 만났습니다. 그때 저에게 "삶이란 얼마나 고통스러운 것인가!" 하는 생각이 났습니다.

"앙굴리말라 스님, 그렇다면 곧 그 산모에게 가서 다음과 같이 말씀하세요. '부인이여, 나는 태어난 이후로 지금까지 의도적으로 산 생명을 해친 일이 없습니다. 이 진실을 가지고 말하노니 부인과 태아가 건강하기를 바랍니다."

"그렇지만 부처님, 그것은 거짓말을 하는 것이 됩니다. 저는 오랫동안 많은 사람을 살해하지 않았습니까."

"그렇다면 앙굴리말라 스님, 지금 곧 그 산모에게 가서 다음과 같이 말하세요.' 나는 성스러운 탄생을 가진 후 어떤 생명도 해친 적이 없습니다. 이 진실을 가지고 말하노니 부인과 태아가 건강하기를 기원합니다."

그러자 앙굴리말라 스님은 곧 일어나 부처님께 말했다.

"부처님 말씀대로 곧 하겠습니다."

하고는 신속하게 산모가 있는 곳으로 갔다. 그리고 도착하자마자 스님은 산모에게 말했다.

"부인, 나는 성스러운 탄생을 한 이후 한 번도 산 생명을 해친 적이 없습니다. 이 진실로 말하노니 부인과 태아가 건강하기를 기원합니다."

그러자 곧 산모와 태아가 모두 정상으로 돌아와 고통을 여의었다.

사바티에 있는 앙굴리말라 기념탑

이제 앙굴리말라 스님은 마을에서 벗어나 혼자 살면서 정진하였다. 곧 수행자의 가장 높은 경지에 올랐다. 그리고 스님은 알게 되었다.

"수행의 목적을 달성하였다. 이제 탄생은 멈추었다. 비로소 이 생의 모든 일은 완수하였다."

이제 앙굴리말라 스님은 아라한이 되었다.

하루 아침 앙굴리말라 스님은 법복을 입고 발우를 들고 탁발을 나갔다. 사바티 마을 근처에 오자 어떤 사람이 흙덩이 하나를 던져 스님의 몸을 맞혔다. 이어서 돌과 나무 토막이 날아와서 몸에 상처를 냈다. 이어서 머리에 돌을 맞아 피가 나고, 발우가 부서졌으며, 옷이 째졌다. 그래서 탁발을 멈추고 돌아와 부처님께 갔다. 그러자 부처님께서 말씀하셨다.

"스님 참으십시오. 참으십시오. 오늘 당한 고통은 스님이 죽어 지옥에 떨어져 수백 년 수천 년을 그곳 화탕에서 받을 과보의 고통을 이생에서 받고 있는 것입니다."

그러자 앙굴리말라 스님은 다시 은둔처로 돌아갔다. 그리고 다음과 같은 게송을 읊었다.

> 한때 다르마를 모르고 삶을 산 사람이
> 밝은 도의 이치를 알게 되자
> 곧 구름에서 벗어난 달처럼
> 자재하고 밝은 세상을 보게 되었네.
>
> 그의 잔혹한 행위는 자비행으로 바뀌고
> 그래서 세상을 밝고 평화롭게 만들었으니
> 이는 구름에서 벗어난 달이 세상을 밝히는 것 같네.

누구든 부처님의 가르침을 따라
수행으로 정진하면
구름에서 벗어난 달처럼 세상을 밝히리…

물꼬를 트는 사람이 논에 물을 대듯
화살을 다듬는 사람이 곧은 화살을 만들 듯
목수가 굽은 나무를 바르게 깎듯
지혜있는 사람은 자신의 삶을 바르게 이끈다네.

어떤 사람은 굵직한 나무 작대기로
때로는 회초리와 꼬챙이로
잘못된 행위를 바로 잡아 길들이지만
여래께서는 이런 것 없이 사람을 제도하시네.

한 때 나는 남을 해치는 사람이었지만
지금 나는 자비를 베푸는 스님이 되었네.
진실로 나는 스님의 이름을 걸고
아무도 해치는 일은 하지 않으리.

한 때 나는 산도적이었지만
부처님의 제자로 출가하여
삼보에 귀의하고
일체의 죄악에서 벗어났네.

팔리어 불전을 발굴하여 세계에 알린 영국부부

리스-데이비스

팔리어 불전을 발굴하여 세상에 알린 영국인 부부

〈티. 리스-데이비스(T. W. Rhys-Davids)〉

T. W. Rhys-Davids

영국태생 팔리어학자이며 1881년 팔리어 고전학회를 창설한 T. W. 리스-데이비스는 1843년 영국 에섹스주에서 태어났다. 그는 영국 아카데미와 런던 소재 동양학 학교를 창립한 사람 가운데 한 분이다.

런던의 동양학 학교는 현재는 런던대학교에 흡수되어 동양학 및 아프리카학의 연구로 세계적 명문대학으로 성장하였다.

성장기와 교육

토마스 데이비스의 아버지는 기독교 목사로 에섹스 지방에서 잘 알려진 목회자로 별명이 에섹스의 주교라고 불렸으며, 어머니는 아버지의 교회 일요학교에서 학생을 가르쳤는데, 37세에 타계하였다.

대학에서 범어를 공부하였으며, 졸업 후 공무원으로 출발하여 스리랑카(당시 실론)로 발령을 받았다.

스리랑카에서는 갈레 지방의 지방장관으로 근무하였는데, 한 때 지방민이 가져온 종교 문서가 팔리어로 기록되어 있어 이를 해결하기 위해 팔리어를 공부하여야만 했다.

리스-데이비스는 993년에 고고학 발굴을 중단한 아누라다푸라 지방의 고고학적 발굴에 참여하였으며, 그때 그곳에서 발굴된 여러 명문(銘文)들을 수집하였다. 리스-데이비스는 1870~1872년간에 이 명문들을 번역하여 영제국 아세아학회의 학술지에 발표하였다. 이 기간 동안에 그는 많은 지방민을 만나 대화를 나누었고 팔리어를 습득할 수 있었다.

리스-데이비스의 식민지 공무원 생활은 갑자기 퇴직하여야 했는데, 이유는 상급자와의 불화 때문에 영국으로 귀국하였다. 영국으로 돌아온 그는 변호사시험에 합격하여 한 때는 변호사로 일을 하였으나 그동안에도 계속해서 팔리어 명문을 번역 발표하였다.

그는 또한 범어 성전학회를 창설한 맥스 뮬러 교수의 기념비적 업적인 동양고전 시리즈 안에 들어있는 팔리어 명문들을 번역하여 도움을 주었다.

리스-데이피스는 1882~1904년 간에는 런던대학 팔리어 교수로 재직하였다. 1905년 그는 런던대학에서 맨체스터대학 비교종교학 주임교수로 임명되었다.

리스-데이비스 교수는 스리랑카에서 돌아온 후 계속해서 영국인들에게 장로파 불교(근본불교)를 알리고 팔리어 연구를 확장하는데 노력하였다. 그는 활동적으로 영국정부에 인도의 다양한 언어 특히 범어와 팔리어의 연구에 관한 협조를 구했으며, 식민지 정책에서 인도 언어 학습의 중요성을 크게 강조하였다.

1894년 리스-데이비스는 당시 팔리어학자인 케로란인과 결혼하였다. 그는 부인과 함께 팔리어 학자이었지만 신지학회에 호감을 가지고 있지 않은 것이 두 사람간에 큰 차이였다. (신지학회는 미국에서 시작하여 본부를 남인도 첸나이로 옮겨오기 전에 얼마 동안 스리랑카(실론)에 있었다.)

두 사람 사이에는 두 딸과 아들이 한 사람 있었는데, 큰 딸은 여성운동에 앞장섰으며, 아들은 제1차 세계대전 중에 전투기 비행사로 근무하다 전사하였다.
리스-데이비스는 1922년 79세로 사망하였다.

그의 저서로는
① 부처님의 탄생설화 ② 밀린다왕과의 문답 ③ 동양의 성전 ④ 불교의 인도 ⑤ 팔리-영어 사전 ⑥ 불교문학 ⑦ 부처님과의 대화(번역) ⑧ 아소카왕과 붓다의 사리

〈케롤라인 리스-데이비스(Carolyn Rhys-Davids) 부인〉

C. Rhys-Davids

케롤라인 리스-데이비스 부인이 팔리어 불전의 편집, 번역, 그리고 해설가로서 활약하기 전에 영국에서는 이미 경제학분야에 크게 알려지기도 하였다. 부인은 1907년부터 팔리어 고전학회의 명예 총무로서 활약하다 1923~1942년까지 팔리어고전학회 회장으로 재임하였다.

성장기와 교육

케롤라인 리스-데이비스는 1857년 9월 27일 영국 동 수섹스주에서 탄생하였다. 집안은 할아버지 때부터 계속해서 목사 집안이었으며, 부인이 태어나기 전 1855년 디푸테리아 역병으로 집안의 다섯 형제자매가 한 달 사이에 모두 사망하였다. 두 오빠가 생존했는데, 한 사람은 인도 전도사로 일생을 보냈고 다른 오빠는 영국의 유명한 축구선수였는데, 은퇴 후 변호사로 일했다.

리스-데이비스 부인은 중등교육까지는 집에서 공부하였는데, 고등교육은 런던대학에 입학하여 철학, 심리학 그리고 경제학을 공부하였다. (당시 런던 대학은 영국대학에서 최초로 여성을 받아들이는 대학교가 되었다.)

부인은 1886년에 대학을 졸업하고 계속해서 석사과정을 1889년에 마쳤다. 런던대학에서 공부하는 동안 당시 세계적 철학자 두 분의 이름으로 마련된 장학금으로 공부하였다.

대학에서 공부하는 동안 그의 지도교수였던 로벗슨교수는 부인을 장차 남편이 될 리스-데비스 교수에게 보내 그곳에서 인도철학을 공부하기를 권했다. 부인은 그 기회에 범어와 인도철학을 공부하였는데, 1919년에 멘체스터대학에서 문학박사학위를 받았다.

리스-데이비스 부인은 왕성한 저술가로, 특히 빈민구제운동과, 어린이 복지향상 그리고 여성투표운동에 앞장섰다.

부인은 남편의 영향을 받아 불교철학에 몰두하기 전에 한때 자신의 전문과목이었던 경제학과 심리학에 관한 저술을 학술지에 계속 게제하였다.

그러나 남편 리스-데비스교수에 권에 의해 불교철학과 심리학 그리고 불교에서의 여성관에 관해 큰 관심을 가지고 연구하였다.

부인의 첫 번째 번역은 근본불교 장로파 논장에 실려있는 불교 비구니승단의 다르마에 관한 것이었다. 책의 제목은 "불교의 심리학적 윤리도덕에 관한 교범"이었는데, 이 것은 팔리어 원전인 아비다르마 논장의 첫머리에 담겨있는 비구니승단에 관한 내용이다. 계속해서 초기 비구니장로들이 남긴 게송들을 모아 번역 출판했는데, 제목은 "비구니들의 노래"이다. (이 책은 우리말로 번역되어 출판되어있다.)

리스-데이비스 부인은 두 대학에서 강의를 했는데, 첫 번째는 멘제스터대학에서 인도철학을(1910~1913) 그리고 런던대학 부속 동양학과 아프리카학 연구소(1918~1933)에서 불교철학을 강의하였다.
현재는 런던대학에 흡수된 동양학과 아프리카학 연구소는 동양학에 관한한 세계적 연구소로 알려져 있으며, 많은 동양학 학자들을 배출한 대학으로 알려져 있다.

리스-데이비스 부인은 남편과 함께 팔리어 고전학회를 이끌어왔는데, 이 두 분은 1881년부터 계속해서 팔리어 불교경전과 불전들을 번역하고 해설서를 출판하였다.

부인의 팔리어 번역은 때로 자신의 개성이 드러난다는 평을 다른 학자들로부터 받기도 했는데, 부인은 편집자로, 번역자로 그리고 해설자로 실론 많은 팔리어 불교 고전들을 번역하여 세상에 알렸다.
특히 근본불교 아비달마 논장은 난해하기로 유명한 고전인데 이는 아비다르마 논장 전체가 종교 특유의 성격이 담긴 내용들이기 때문이라고 한다.

부인은 다수의 팔리어 경전의 번역도 하였으며, 팔리어 고전학회의 회원들의 번역사업을 도와주거나 감독하였다. 그 외에도 우리에게 잘 알려진 불전들을 번역하였는데, 그 중 많은 부분이 여러 계간지나 교범에 실려있다. 그 가운데는 때로 보편적 교리와는 괴리된 견해가 드러나기도 한다.

부인은 1917년에 아들이 전사하고 1922년에 남편이 사망하자 심령주의에 기울었다. 특히 사망한 심령과 영매를 통해 교신할 수 있다고 믿고 영매를 통해 아들과 교신을 시도하기도 하였다. 특히 부인의 관심사는 자동필기술을 통한 교신과 꿈속에서 영가의 세계를 왕래한 내용 등을 적은 일기가 켐브리지 대학과 런던대학이 공동으로 소유하고 있는 부인의 기록보관소에 소장되어 있다.

부인의 불교연구 초기에는 부처님 가르침의 중심사상인 무아사상을 그대로 받아들였으나 후에 이 개념을 부정하고 특히 제자들에게도 이 방향으로 영향을 미쳤다.

부인은 1942년 6월 26일 84세로 타계하였다.

부인의 저술로는 ① 불교 교리의 연구 ② 불교심리학- 팔리어 고전에 나타난 심리의 분석과 원리 ③ 초기 교리와 신 교리의 연구 ④ 평화의 갈망 ⑤ 의지와 의지자 ⑥ 인간으로서의 고타마 ⑦ 부처님 이야기 · 본생기에서 발췌 ⑧ 부처님 자비의 말씀 ⑨ 불교역사속의 밀린다왕의 질문 ⑩ 중견불자를 위한 불교교범 ⑪ 불교의 개관 ⑫ 불교의 탄생과 전파 ⑬ 인도종교와 생존 ⑭ 인도심리학의 탄생과 불교 속에서의 발전 ⑮ 초기 불교의 복음 ⑯ 현재보다 미래로 등이 있다.

20세기 인도불교를 부흥시킨 두 분의 영웅 ①
다르마팔라

〈아나가리카 다르마팔라〉

다르마팔라

아나가리카 다르마팔라스님 (Anagarika Dharmapala, 1854~ 1933)은 스리랑카에서 탄생한 불교 저술가로 그리고 스리랑카 불교를 시작으로 세계를 주유하면서 세계 불교 부흥을 위해 평생을 바친 분이다.

다르마팔라 스님은 젊어서는 영국으로부터의 스리랑카 독립을 위해 헌신하였고 수 세기 전 스리랑카에서 거의 사라질뻔 한 불교를 부흥하기 위해 노력하였다.

한편 소련 헤레나 브라바스키여사와 미국 스틸 올코트대령이 창립한 신지학회의 설립과 학회의 혁신자로 활약하였고, 이를 서양에 전하는데 크게 공헌하였다. 또한 인도불교의 근세 부흥자인 암베카보다 100년 앞서 남인도의 불가촉족 달릿트계급의 사회지위 개선을 위한 비폭력 주의를 제창한 분으로, 말년에 출가하여 데바밋타 다르마팔라라 불리게 되었다.

다르마팔라는 1864년 9월 14일 당시 실론(오늘날 스리랑카) 마따라지방에서 부유한 상인의 아들로 태어났다. 스님은 기독교에서 운영하는 코태 기독교대학과 성토마스대학, 그리고 왕립 콜롬보대학에서 수학하였다.

1875년 블라바스키와 올코트 대령이 미국 뉴욕에서 신지학회를 창립할 당시 세계불교는 일종의 부흥기에 들어섰다. 이 두 분은 불교를 잘 이해하고 있었으므로 불교부흥에 크게 동감하고, 1880년 실론에 도착한 이들은 불교로 귀의하고 당시 스리랑카 고승으로부터 계를 받았다. 특히 올코트대령은 스리랑카에 머물면서 300여 곳에 학교를 설립하였으며, 그중 얼마는 오늘날까지 지속해 오고 있다. 이때 아나가리카 다르마팔라는 법명을 사용하기 시작하였다. 아나가리카(anagarika)는 팔리어로 '집이 없는' 이라는 뜻이며 다르마팔라(Dharma-pala)는 법을 보호하는 즉 법호(法護)의 의미를 나타낸다.

당시 다르마팔라스님은 정식으로 비구계를 받지는 아니했지만 불자로서 8계를 받으면서 평생을 이 8계를 지키며 살아왔다. 스리랑카 불자들은 처음 불자로서 8계를 받으며 재일 때마다 8계를 지킬 것을 맹세하지만 평생을 이 8계를 지키며 사는 사람은 많지 않다.

다르마팔라스님은 재가불자로서 독신자로 고행을 실천한 분으로 오직 불교 포교만을 위해 노력하였다. 스님은 비록 오랜 지색 법복을 입고 살았지만 삭발은 하지 않았다. 왜냐하면 당시의 사정으로 불교 스님으로 세계를 여행하면서 국제대회에 참석하고 불교포교를 하는데 여러 난점에 봉착할 수 있었기 때문이다. 스님은 어떤 직책이나 명성이 있지는 않았지만 당시의 불교현대화를 위한 활동가로 인정되었으며 스리랑카에서는 보살로 간주되었다.

1885년 당시 '아세아의 빛' 의 저자 에드윈 아놀드의 권유에 의해 스님은 인도 바라나시 외곽에 있는 녹야원을 방문하였다. 그리고 곧 녹야원 불교유적지의 복구사업과 유적 자체를 불자의 관리로 넘겨받을 운동을 개시하였다. 비구니 장로 빌리가마 수망갈라(勝鬘)는 아놀드씨를 이 운동을 돕도록 권장하였다. 스님은 독일태생 미국인 비교종교학자 폴 카루스의 초정에 의해 1896년과 1902~1904년에 미국을 방문하고 전 미국을 순회하며 불교를 포교하였다. 다르마팔라 스님은 결국 올코트대령과 결별하였는데, 이유는 올코트의 신앙은 범구제설을 주장하는 신지학으로 오랜 역사와 종교로서의 다르마를 지닌 불교가 통합한다는 것은 있을 수 없는 일이라고 주장하면서, "모든 종교가 보편적 바탕을 지니고 있다고 주장하는 것은 이 말을 하는 사람의 무지의 발로이다. 다르마 즉 오직 법만이 최상의 진리이다"라고 주장하였다.

젊은 다라마팔라는 미국의 올코트대령의 저술활동을 도왔는데, 주로 저술의 번역과 통역사로 활약하였다. 한편 다라마팔라는 블라바스키 여사와도 가까운 사이였으며, 여사는 다르마팔라에게 팔리어 공부를 권하였고, 이로써 인류를 위해 많은 일을 할 수 있도록 하였다. 이때부터 스님은 자신을 다르마팔라 라고 불렀다.

1891년 다르마팔라 스님은 인도성지순례로 보디가야를 방문하였는데, 당시 복원작업이 끝난 마하보디사원을 순례하기 위해서있다. 그런데 마하보디사원을 방문한 스님에게는 오직 큰 실망만을 경험하였다. 이유는 마하보디사원은 오직 힌두교의 시바파 스님들이 관리하면서 불자들의 종교행위를 금지하고 있었으며 탑 내의 부처님상은 힌두신의 상징물로 대체되었다. 그래서 스님은 곧 이러한 사찰운영 방식을 반대하는 운동을 시작하였다.

같은 해 1891년 마하보디학회를 설립하고, 이듬해 1892년 사무실을 인도 동부 칼카타로 옮겼다. 마하보디학회의 제일 목표는 무엇보다 단시일 안에 보디가야 마하보디사원의 운영권을 돌려받는 것이었다.

첫 번째 활동으로 스님은 힌두스님들을 상대로 법원에 고소를 제기하였다. 결과는 실로 오랜 시일을 요했지만 1947년 인도가 영국으로부터 독립을 성취한 이후 즉 1947년 그리고 1933년 스님의 타계 16년 뒤에 비로소 새롭게 마하보디사원의 운영위원회가 구성되었는데, 불교와 힌두교에서 같은 수의 위원을 선출하고 이분들이 공동으로 운영토록 되었다.

오늘날 마하보디학회 사무실에서 멀지 않는 곳에 있는 칼카타대학 내에 다르마팔라스님의 동상이 세워져있다.

마하보디학회는 인도 대도시에 지부가 설립되어 있어, 인도인의 불교에 관한 관심을 높이고 있다. 이로 인해 붓다의 열반지 쿠쉬나가라도 다시 많은 해외 불자들의 순례지로 각광을 받게 되었다. 1890년대 마하보디학회의 운동에 힘입어 다르마팔라 스님은 주저하지 않고 불교성지 피폐의 원인을 인도 내 이슬람교도들의 광신적 행위에 기인했다고 주장하였다.

1893년 미국 시카코에서 개최되는 제1차 세계종교회의에 초청되어 남방불교대표로 참석하였다. 이로써 최초로 '남방불교'라는 명칭이 만들어졌다. 이 명칭은 당시 '남방불교 장로파불교'를 나타내는 명칭이었다. 이 회의에서 다르마팔라 스님은 최초로 인도 힌두교를 대표하여 참석한 비베카난다 스님을 만났다.

이 회의에서 비베카난다 스님은 회의에 참석한 많은 종교인들로부터 커다란 환영을 받았고, 이어서 미국 전역을 순회하며 힌두교를 미국에 알리는 기회를 가졌으며, 세계 여론의 중심인물로 등장하였다.

다르마팔라스님은 계속해서 세계를 순회하며 불교포교에 앞장섰고, 스리랑카에는 학교와 병원을 곳곳에 설립하였으며 인도에는 사찰을 여러 곳에 열었다. 그 가운데 가장 중요한 사찰은 인도 녹야원 밖에 세워진 거대한 석조 사찰 'Mulagandha-kuti Vihara' 이다.

스님이 하와이포교 도중 포스터부인을 만났는데 이 분은 하와이 마지막 왕 케메차메하의 딸로 정신장애로 고생을 하고 있었던 분으로 다르마팔라 스님으로부터 정신적 치유를 받았다. 포스터부인은 치유의 댓가로 당시 인도 돈 백만루피를 보시하였는데, 2010년 가치로는 미국돈 2백만불에 해당한다고 한다. 이 금액으로 당시의 저렴한 인도의 건축자재와 임금으로 1930년대 인도에서도 보기 드문 훌륭한 사찰을 세울 수 있었다.

다르마팔라와 개신교 불교

스리랑카출신으로 미국 프린스톤대학 인류학교수를 지낸 가나나스 초베에세케레 교수는 다르마팔라 스님의 불교를 개신교불교라 불렀다. 스님의 불교는 두 면에서 기독교의 개신교와 유사한 점이 있다고 한다.

첫째는 기존의 종교조직 이념(카토릭)으로부터 벗어나 양심의 자유와 개인의 내적경험에 중점을 두고,

둘째는 타종교를 폄하하는 기독교의 우위성 과시, 서양의 식민주의, 그리고 불교세력을 약화시키는 기독교 선교활동에 대한 항의를 들 수 있다.

이러한 점이 다르마팔라 불교의 특징으로 이 특징을 재가불

자들께 주지시켰으며, 이러한 감정이 스리랑카 수도 콜롬보의 중산층 지식계급 사이에서 일어나고 있다.

오늘날 불교를 '불교의 근대성'이라 성격 짓기도 한다. 이러한 성격의 명칭은 현대세계에 알맞은 불교의 성격을 기술하는 말이다. 이러한 말은 주로 근대사고에 영향을 받은 현대사회에서 구라파나 기독교의 우위성에 대치하기 위해 불자들이 차용한 언어이다.

근대불자들은 전통적 불교의 어떤 측면을 특별히 강조하고 다른 측면을 도외시 하는데, 근대성 불교의 특징을 든다면 출가수행자 단체인 승단보다는 재가불교를 중요시하고, 불교의 초월적 신비적 측면보다는 합리적 측면을 보다 중요시한다는 점이다.

또한 근대불교 불자들은 현대과학의 일관성, 자발성, 창조성, 그리고 직관, 민주주의와 비제도적 성격, 헌신과 종교의식보다는 명상 등에 중요성을 두고 있다. 다르마팔라스님의 불교는 하나의 훌륭한 근대불교의 예다. 특히 스님의 불교는 개신교 불교의 훌륭한 표본이라 할 수 있다. 스님은 생전에 과학에 상응하는 불교와 특히 진화론을 수용할 수 있는 불교에 커다란 관심을 가지고 있었다.

1933년 다르마팔라는 마침내 비구계를 받았으며, 68세로 녹야원에서 타계하였다.

다르마팔라스님에 의해 녹야원에 세워진
물라간다쿠티 불교사원(Mulagandhakuti Vihara)

20세기 인도불교를 부흥시킨 두 분의 영웅 ②
◉ B. R. 암베드카

〈빔라오 람지 암베드카(Bhimrao Ramji Ambedkar)〉

B. R. Ambedkar

1891년 4월 14일 인도에서 태어난 암베드카는 인도태생의 법률학자이며, 경제학, 정치학, 그리고 사회개혁을 주창한 사람으로 특히 수천 년을 지속해 온 인도대륙에 뿌리깊게 내린 4성 사회계급의 말소(抹消)를 주창한 사람으로, 20세기 후반에 와서 사회 불평등사상을 타파하고 인간평등사상을 인도 땅에 심기 위해 달릿트(不可觸賤民)를 위한 신불교운동(Nava Buddhism)을 일으켰다.

300여 년의 영국통치에서 벗어나 인도가 독립을 쟁취하는 과정에서 영제국 인도 총리 밑에서 노동장관을 지냈으며, 인도 헌법 기초위원회 의장으로 활약하였고, 인도정부가 설립되면서 초대 법무장관을 지냈다. 무엇보다 암베드카는 신생국 인도 헌법의 기초를 다져 놓은 공로자로 칭송받고 있다.

암베드카는 여러 분야의 학문을 섭렵하였으며, 특히 미국 콜롬비아대학에서 법학박사 학위를 받고 이어서 세계적 명문 영국 런던 경제학대학에서 법학, 경제학 그리고 정치학에 관한 연구를 통해 박사학위를 받았다. 계속해서 암베드카는 경제학자로서 그리고 법률학자로서 여러 대학에서 후배를 양성하는데 노력하였다.

암베드카의 후반기 인생은 신생 인도의 건국과 발전을 위해 정치에 몸을 바치기도 하였고, 신문을 발간하기도 하였으며, 인권의 자유와 사회평등을 위해 평생을 바쳤다. 특히 말년에는 달릿트(Dalita)라 불리는 불가촉천민의 해방과 인권수호를 위해 혼신의 노력을 하였다. 그 한 예로써 1956년 자신을 포함한 대거 60만 명의 달릿트와 함께 불교로 개종하면서 신불교(新佛敎. Nava Buddhism) 운동을 시작하였다.

성장기

암베드카는 1891년 중인도 모우(Mhow)라는 작은 마을 군인가족이 모여사는 촌락에서 태어났다. 아버지는 군장교였으며, 마라티(Marathi)족에 속했다. (마라티족은 그 수가 많으며, 주로 중부인도에 넓게 퍼져 살고, 마라티어로 쓰여진 불전이 있다는 기록들이 가끔 나타나는 것을 보면 이 언어를 사용하는 사람들이 많은 것으로 보인다.)

암베드카가 태어난 사회계급은 그 이름조차 주어지지 않은 달릿트 즉 불가촉천민족으로 태어나면서부터 사회적으로 그리고 경제적으로 불평등의 대우를 받도록 되어있었다. 암베드카의 조상들은 오래전부터 영국의 동인도회사의 일꾼으로 종사해 왔으며, 동인도회사가 고용하는 사립군사집단에서 군인으로 종사해왔다.

　초등학교는 이웃마을 아동들을 위해 건립된 교육기관에서 공부를 시작했지만 달릿트 아동들은 같은 교실에서 공부하지 못하고 교실 밖에서 창 너머로 교육을 받아야만 했다. 교내의 우물을 다른 계급에 속하는 아동들과 공동으로 사용할 수가 없어 타계급 아이가 위에서 아래로 부어주는 물을 받아먹어야만 했다. 의자가 허용되지 않아 매일 집에서 삼배자루를 가지고 와서 깔고 앉아 공부하였다.

　1894년 아버지가 동인도 회사의 군에서 은퇴하면서 2년 후 사타라로 이주하였는데, 이주 후 얼마 있다 어머니가 사망하면서 고모 밑에서 자랐는데, 암베드카는 성장기의 생활이 무척이나 고통스러웠다고 회상하였다.

　암베드카는 세 형제와 두 자매가 있었는데, 그 가운데 오직 암베드카만 고등학교 입시에 합격하여 상급학교에 진학할 수 있었다. 아버지의 본래 성은 삭팔(Sakpal)이었는데, 암베드카가 학교에 입학할 때 이름을 '암베드카'라 적으면서 이후 계속해서 암베드카로 불렸다. 이 이름은 아버지 고향 마음의 이름으로 고등학교 기록에도 이 이름으로 기록되어 있다.

고등교육

1897년 암베드카의 가족은 뭄바이로 이주하였다. 이곳으로 이주하여 그곳에 있는 엘핀스톤(Elphinstone) 고등학교에 입학하였는데, 이 학교의 유일한 달릿계급 학생이었다. 암베드카가 15세가 되는 해 9살되는 라마바이(Ranabau)라 불리는 소녀와 결혼하였다. 이결혼은 당시의 관습으로 양가 부모간에 약속된 결혼이었다.

봄베이대학에서의 수학

봄베이(Bambay)는 오늘날 뭄바이(Mumbai)의 옛이름이다. 인도가 독립하면서 인도 제일의 도시를 뭄바이로 개명하였는데, '뭄바이' 는 이곳 원주민의 부족 명칭이다.

1907년 고등학교 졸업시험에 합격하고 이듬해 곧 엘핀스톤 대학에 입학하였다. 자서전에 의하면 달릿트족으로 봄베이대학에 속한 엘핀스톤 대학생이 된 것은 처음 있는 일이며, 암베드카가 4급 영어시험에 합격하자 봄베이 달릿드 마을에서는 큰 경사가 났다고 잔치판을 벌였다고 한다. 이때 다다 켈루스카라는 작가는 암베드카에게 '부처님의 일생' 이라는 책을 기념물로 선사하였다.

1912년 암베드카는 봄베이대학에서 경제와 정치학으로 학위를 받았으며, 곧 이어서 바로다 주정부에 취직하기 위해 부인과 함께 이사를 했는데, 이사를 하자마자 1913년 아버지의 부음을 듣고 곧 뭄바이로 돌아와야만 했다.

미국 콜롬비아대학에서 수학

1913년 22세 된 암베드카는 바로다 주정부에서 제공하는 장학금으로 미국 뉴욕에 있는 콜롬비아대학으로 유학을 왔다. 이 주정부 장학금은 3년간 매월 11.50 파운드로 콜롬비아 대학 대학원 교육의 기회가 주어졌다.

뉴욕에 도착하여 학교 기숙사를 같이 사용하게 된 사람은 이란에서 온 배화교 교도인 바테나로서 이 두 사람은 평생 깊은 우의를 다졌다. 1915년 경제학과 부전공으로 사회학, 역사, 철학, 그리고 인류학을 공부하였으며, 그의 대학원 논문 제목은 '고대인도인의 상업'이었는데, 암베드카는 당시 미국의 저명한 철학자이며 교육개혁자였던 존 듀이의 영향을 받았다.

계속해서 암베드카는 제2논문을 제출하였는데, 제목은 '인도 국가 부(富)의 분배—역사적 분석적 연구'였으며, 인류학자 '알렉산더 골든바이서'가 주관한 세미나에서 '인도 사성계급—그 발생과 발전사, 그리고 작용'이라는 연구논문을 제출하였다.

영국 런던 경제학 대학에서 수학

1916년 10월 암베드카는 영국 변호사 교육 장학금을 통해 변호사 교육과정에 등록하고 동시에 런던 경제학 대학 박사과정에 입학하였다. 그의 바로다 주정부 장학금 기한이 만료되어 미국에서 인도로 귀국하는 과정에서 그의 짐을 실은 배가 독일 잠수함에 의해 침몰되면서 영국 박사과정은 그기간이 4년 연장되었다.

1921년 영국 경제학 대학에서의 석사과정을 마쳤는데, 논문 제목은 '인도 화폐 루비의 문제점 : 문제의 발단과 해결방법' 이었으며, 1923년 마침내 런던 대학에서 경제학박사 학위를 받았다. 계속해서 런던에서의 변호사 자격증이 주어졌으며, 세 번째 철학 박사학위는 콜롬비아대학에서 그리고 네 번째 박사학위는 오스마니아 대학에서 명예문학박사 학위가 주어졌다.

불가촉천민을 위한 인권투쟁

암베드카는 콜롬비아 대학 수학시 수령한 장학금으로 인해 인도의 작은 왕국 바로다 주정부에 봉사할 의무가 있었다. 그는 곧 주정부의 군사문제 장관으로 임명되었지만 얼마 있지 않아 그 자리를 떠났다. 이와 관련된 이야기가 그의 자서전 속 '비자를 기다리며' 에 잘 설명되어 있다.

암베드카는 크게 자란 가족의 생계를 위해 새 직장을 필요로 했다. 그는 개인교사를 시작으로 회계사, 그리고 투자고문으로도 일했다. 그러나 한 직장이 오래 계속되지 못한 것은 그가 달릿트라는 것을 알게 되면서 부터이다.

1918년 암베드카는 뭄바이에 있는 사이덴함 대학의 경제학 교수로 취직하였지만 다른 교수들이 그와 함께 음료수를 마시는 것 조차 거부함으로써 고난이 많았다.

1919년 인도정부법을 기안하면서 암베드카를 증인으로 초청하여 청문회를 열었는데, 그때 그는 달릿트를 위한 별개의 선거구의 설치와 보호지역, 그리고 신앙단체의 설립을 강력하게 주장하였다.

1920년 그는 무크나약(Mooknayak. 침묵자들의 영도자)이라는 주간지를 뭄바이에서 발간하였다. 이를 위해 이웃 작은 왕국의 왕 샤후(Shahu)가 도와주었다.

계속해서 암베드카는 변호사로서 일을 했다. 1926년 브라만족을 탄핵하는 고소자들을 위한 변호를 담당했는데, 세 사람의 고소인은 비브라만족으로서 브라만 부족의 잘못된 관습으로 인해 인도가 멸망해가고 있다는 내용의 고소를 제기했는데, 이 소송은 고소자의 승리로 끝났다. 이 소송은 사회적으로 그리고 개인적으로도 커다란 승리의 결과를 가져다 주었다.

암베드카는 봄베이 고등법원에서 변호사 업무를 계속했는데, 그의 주 관심사는 달릿트족을 위한 특별 기관의 설치였다. 달릿트 계급을 위한 조직적 운동은 이들의 교육과 사회적 지위확립, 그리고 이들의 애로사항을 전문적으로 담당하여 해결해 줄 수 있는 특별 기관설치의 필요성을 강조하면서 주간지의 발행을 통해 전 주민에게 홍보를 계속하였다.

암베드카는 1925년에 설치된 전 유럽 사이몬 위원회와 함께 일할 수 있는 봄베이 특별 최고위원회의 일원으로 임명되었다. 당시 인도에서는 사이몬 위원회에 대한 반대운동이 거세게 일어났지만 실은 거의 모든 인도인들에게는 무관심한 일이었다. 이때 암베드카는 별도의 인도헌법을 기초하기도 하였다.

1927년 암베드카는 달릿트족을 위한 사회지위 운동을 적극적으로 밀고 나가기로 하였다. 그 시작으로 지금까지 차별되었던 음료수 원천이 되는 수원지의 개방운동이었다. 계속해서 전개된 것이 힌두사원 출입의 허가였다.

그는 이러한 운동을 효과적으로 이끌어가기 위해 인도 독립운동의 모토 싸띠아그라하(satyagraha. 진리에 의지하여) 운동에 앞장섰다.

1927년 말 암베드카는 인도의 고전 마누법전의 부당성을 공식화 했다. 이는 인도의 사성계급의 존재와 특히 불가촉족의 차별을 이념적으로 정당화 하고 있다는 것이다. 그 결과로 그는 1927년 12월 25일 수천 명의 달릿트와 함께 마누법전을 공개적으로 불태웠다. 이 후 매년 이 날을 마누법전 태우는 날로 정하였다.

1930년 암베드카는 칼라람 사원 운동을 개최하기로 하고 3개월 동안 준비하였다. 이 운동은 칼라람 사원이 있는 나식시의 역사상 가장 큰 행렬을 갖기로 한 것이다.

이 행렬은 군악대가 동원되어 앞장 서고 뒤에 1만 5천 명의 달릿드족의 남녀노소가 행렬에 가담하여 칼라라사원으로 규칙, 질서 그리고 굳게 다진 신심을 앞세워 최초로 신을 만나러 가는 것이다. 그러나 이들이 사원의 문앞에 왔을 때 브라만 당사자들이 사원문을 닫았다.

푸네 협약

1932년 영국 인도정부는 피압박 계급을 위한 별도 선거구의 설정을 발표하였다. 이에 마하트마 간디옹은 별도 달릿트 선거구의 설정을 강력하게 반대하면서 이는 힌두 사회를 와해할 위험이 있다고 강조하였다. 간디옹은 푸나시의 야와다 중앙 감옥안에서 금식하며 반대운동을 벌였는데, 이에 국회의 정치인들이 암베드카를 초청 감옥 안에서 회의를 개최하였다.

1932년 9월 25일 푸나협약이 성립되었는데, 이 자리에는 피압박부족을 대표하여 암베드카가 참석하고 그 외의 인도인을 대표하여 팔라비아 의원이 참석하여 서명하였다. 협약의 내용은 피압박 부족을 위해 전체 투표구에서 피압박 부족을 위해 의석수 얼마를 배당해 놓도록 하는 임시법을 세우도록 하였다.

이 협약에 의해 영국 인도정부가 얼마 전에 배당해 놓은 71석이 148석으로 확대되었다. 이 협약에서 사용된 어구 '피압박족'은 달릿트족을 지명했는데, 후에 1950년에 성립된 인도헌법에서는 이 어구 대신에 '지정된 부족'이라는 어구를 사용하기 시작하였다. 이는 총선거에서 통합된 선거가 이루어지지만 제2차 투표에서 불가촉족은 따로 자신들의 후보를 선출토록 되어있다.

정치활동

1935년 암베드카는 봄베이 주립 법대 학장으로 임명되었다. 그는 2년 동안 학장 자리를 지켰으며, 이어서 델리대학교 람자스대학 이사장직을 역임하였다. 암베드카는 뭄바이에 살면서 자신이 수집해 온 5만권의 책으로 사립 도서관을 개설하였다. 그러나 이러한 일련의 일들을 함께 이끌어 왔던 아내가 오랜 지병으로 사망하였다.

같은 해 10월 나식 시에서 개최된 예오나 개종회의에서 암베드카는 힌두교가 아닌 타 종교로 개종할 의사를 표명하였다. 그리고 그 후 기회가 있을 때마다 인도 전역을 돌면서 자신의 결심을 다져왔다.

1936년 암베드카는 독립노동당을 설립하였다. 이는 1937년에 있을 연방국회의원 선출에 대비한 것이었는데, 이때 봄베이에서는 13석의 예비석과 4석의 보통의석이 배당되었는데, 독립노동당은 11석의 예비선과 3석의 보통석을 확보하였다.

암베드카는 1936년 5월 15일 '사성계급의 전멸'이라는 책을 저술 출판하였다. 이 책에서 암베드카는 정통 힌두 종교지도자들을 강력하게 비판하고 특히 사성계급제의 폐습과 이 문제에 관해 간디옹을 힐난하였다.
1955년 영국 BBC 방송과의 대담에서 지적하기를 간디옹은 사성계급을 반대하는 기사를 영자신문에 게재하고, 동시에 구자랏어로는 사성계급을 옹호하는 기사를 실었다고 비난하였다.

이 시기에 암베드카는 코칸지역 세금 수납자의 수탈행위에 대항해 저항운동을 벌였는데, 세금 수납자들은 주기적으로 힘이 없는 농부나 소농자들을 수탈하는 행위를 일삼고 있다는 것이다. 1937년 암베드카는 봄베이 의회에 법안을 제출하고 농부나 소농들이 세금을 직접 정부에 납부토록 하는 안을 제안하였다.

1940년 인도 무슬림 동맹에서 파키스탄 분리를 원하는 라호르 성명서가 발표된 후 암베드카는 400페이지에 달하는 '파키스탄 분리에 관한 의견' 이라는 제목으로 하나의 책자를 발행했다. 이 책자에서 그는 모든 면에서 분석해 본 파키스탄의 개념을 분석하고 있다.

이 책자에서 암베드카는 무슬림이 원한다면 힌두는 이들에게 파키스탄을 할애해 주어야 한다고 주장했다. 그의 제안에 의하면 푼잡지방과 동쪽의 벵갈지방의 다수 무슬림교도 지역과 다수 비무슬림 지역간에 금을 그어서 분리하는 것이다. 그의 생각으로는 이러한 제안에 무슬림교도들이 이의를 제기하지 않을 것이라 생각했다. 만약 무슬림교도들이 이러한 제안을 원치 않는다면 그들이 무엇을 원하는지 자신들도 잘 모르고 있는 결과라고 했다.

미국 케로라이나 대학 역사학 교수 둘리팔라 교수에 의하면 이러한 암베드카의 주장은 그 후 10여 년간 인도 정치계에 물의를 일으켰고, 결국 인도 무슬림 연맹과 국민의회당 사이에 인도분리를 향한 길을 열어놓았다.

암베드카의 또 다른 저술 "누가 수드라인가?"에서 불가촉족의 구성에 관해 설명하려 시도하였다. 수드라와 하층수드라는 소위 힌두 4성계급에서 가장 하위층에 속하나 이들은 불가촉족은 아닌 것으로 보았다. 비록 1946년 인도 총선거에서 그의 당이 좋은 성적을 거두지는 못했다 해도 암베드카는 그의 정당이 '지정된 사회계급 연맹'으로 성장하는데 지도자 역할을 담당했다. 그는 인도분리를 정당화하기는 했어도 인도의 오랜 전통인 조기결혼과 무슬림 사회에서의 여성인권 천대를 강력히 비난하였다.

이 저술에서 암베드카는 다음과 같이 적고 있다.

"일부다처제가 가져오는 여러 죄악은 실로 언어로 충분히 기술할 수 없다. 특히 이는 무슬림 사회에서 여성을 근본적으로 비참한 경지로 몰아간다. 오랜 사성계급이 가져온 인도사회를 보아라. 많은 사람들이 추리하기를 이슬람은 노예제도와 사성계급 제도에서 해방될 것이라 생각했다.

그러나 실로 노예제도는 이슬람교와 무슬림국가에서 발생 유지되고 있다. 코란에서 예언자 무하메트는 노예를 정의롭고 인간적으로 대우하라 한 것은 실로 따를만한 말씀이지만 이슬람 교도들은 노예제도를 파기하는데 어떠한 노력도 보이지 않고 있다. 만약 이슬람에서 노예제도가 없어졌다면 남은 것은 사회계급제도이다.

신생국 인도 헌법의 기안

암베드카는 신생국 인도의 최초 헌법 기초위원회 회장으로 헌법 최종안을 1949년 11월 25일 당시 대통령 라헨드라 프라사드에게 제출하였다. 1947년 8월 15일 오랜 영국의 식민통치로부터 벗어나 독립한 신생 인도정부는 암베드카를 초대 법무장관으로 지명하고 이를 수락한 그는 곧 신생국헌법을 기초하는데 참여하였다.

그렌빌 오스틴은 인도헌법을 깊이 있게 연구한 미국태생 역사학자로서 그는 암베드카의 인도헌법에 관해 다음과 같이 말하고 있다.

"암베드카가 기초한 헌법은 인도 최초의 사회적 문서이면서 그 중요성에있어 가장 크다 할 수 있다. 인도 헌법에 담겨있는 내용들은 인도 사회가 염원하는 사회개혁을 목적으로 발전된 것인 동시에 계획한 사회개혁을 달성할 수 있는 필요한 상태를 확립할 수 있도록 시도된 것이다."

암베드카가 기안한 헌법은 각 시민의 인권을 넓은 범위에서 보호하고 보장하는 헌법으로, 이 헌법은 종교의 자유는 물론 불가촉족 제도의 완전한 철폐, 그리고 온갖 형태의 차별을 불법화해 놓았다.

암베드카는 전 정치생활을 통해 여성의 경제적 사회적 지위 향상을 위해 싸워왔고, 특히 국회의 후원하에 지정된 사회계급과 부족 그리고 여타 하천계급을 위한 공무원, 학교, 그리고 대학교의 자리에 이들만을 위한 예비석을 확보해 놓는 체계를 세우는데 노력하였다. 이것은 미국의 비차별법과 유사한 점이 많다.

인도의 입법자들은 이에 호응하여 이러한 체계 확립을 통해 전 인도의 피압박 계급의 시민들이 당해온 사회적 경제적 불평등의 자취를 씻어버릴 수 있기를 희망했다.

암베드카는 인도 헌법 제370조에 관해 반대의사를 표명했는데, 이 조항에는 자무주와 카쉬미르주에 특별지위를 부여하는 조항이다. 후에 자무주 출신 정치인 발라즈 마닥은 다음과 같은 말을 남겨놓고 있다.

"암베드카는 분명하게 당시 카쉬미르주의 지도자 쉭 압둘라에게 말하기를, '인도가 카쉬미르주민들을 보호하기를 원한다면 당신들이 스스로 카쉬미르주에 도로를 건설하고, 먹을 것을 마련한다면 물론 인도는 당신들에게 평등한 인권을 보장할 것이다. 헌법조항에 의하면 인도는 카쉬미르에 관한 한 제한된 힘만을 행사할 수 있으며, 이는 인도정부가 할 수 있는 일은 무척이나 힘든 일이다. 인도의 법무장관인 나는 인도국민의 이익에 위배되는 일을 하지 않을 것이다."

헌법국회에서 암베드카는 단일인권법 체택을 강조하였다. 이것은 인도사회의 개혁을 위한 큰 시도였다. 1951년 인도 국회가 암베드카가 제출한 남녀평등에 기초한 힌두법의 국회통과를 미루어오자 마침내 법무장관직을 사임하였다. 힌두법은 남녀 평등에 기초한 상속과 결혼에 관한 새로운 입법이었다.

다음해 1952년 인도 총선에서 하원의원으로 출마했으나 근소한 차이로 낙선하고 상원의원으로 당선되어 사망할 때까지 상원의원직에 머물렀다.

경제

암베드카는 인도인 최초로 외국에서 경제학 박사학위를 받은 학자이다. 그의 주장은 인도의 앞날을 위해서는 인도의 공업화와 농업술의 개선으로만이 가능하다 주장하였다. 특이 인도정부는 농업을 제일산업으로 투자할 것을 강조하였다.

그의 이러한 주장은 인도정부가 식량보장목표를 달성하는 데 힘이 되었다. 그는 특히 인도의 경제적 사회적 발전을 위해서는 교육, 공동위생, 지역보건, 기본시설이 갖추어진 거주시설등의 개선과 발전을 통해서만이 가능하다 하였다.

두 번째 결혼

암베드카의 첫 번째 부인 라마바이는 1935년에 오랜 지병으로 고생하다 사망하였다. 1940년 후반에 와서 인도헌법을 기안하는 도중 수면부족으로 다리에 온 신경성 통증으로 고생하였는데, 통증을 완하시키기 위해 인슈린과 전통의술에 의지하고 있었다.

이러한 치료를 위해 얼마간 뭄바이에 내려가 있었는데, 그

때 두 번째 부인 샤라다 카비르를 만나 1948년 뉴델리에서 결혼하였다. 카비르 부인은 간호사와 영양사로 오랜 독신생활을 해온 암베드카에게 큰 도움이 되었다. 카비르는 암베드카에게 큰 힘이 되었으며, 2003년 93세로 뭄바이에서 사망하였다.

불교로의 개종-달릿트 불교

암베트카는 처음 식크교로의 개종을 생각하였다. 식크교는 피압박 계급을 옹호해 왔으므로 소위 '지정된 계급'의 지도자들에게는 하나의 매력적 종교이기도 하였다. 그러나 암베드카가 식크교 지도자들과 만남을 가진 후 결론 짓기를 아마도 자신은 2등급 식크교도가 될 가능성이 있다고 결론지었다.

그래서 암베드카는 1950년부터 불교에 관해 지대한 관심을 갖고 스리랑카에서 열린 세계불자우의회(WFB) 희의에 참석하였다. 그 후 인도 푸네에 새로운 불교사원을 개원하는 자리에서 자신은 당시 불교에 관해서 책을 저술하고 있는데, 이 책이 완성되면 불교로 개종하겠다 선언하였다. 푸네는 뭄바이 남쪽에 위치한 교육 문화 도시로 잘 알려져있다.

암베드카는 1954년에 두 번에 걸쳐 버마를 방문하였는데, 두 번째 방문시에는 미얀마 랑군에서 열린 제3차 세계불자우의회에 참석하기 위해서였다.

1955년 그는 인도불교협회(바랏따 붓다협회)를 구성하고 1956년에 '붓다와 그의 다르마'를 완성하였으나, 아깝게도 이 책은 그의 사후에 출판되었다.

그는 스리랑카 불교승려 하마라와 삿다팃사를 만난 후 1956년 10월 14일에 중부인도에 위치한 도시 나그푸르(Nagpur)에서 자신과 자신을 따르는 대중과 함께 불교로의 개종을 위한 수계식을 거행할 준비위원회를 구성하였다.

이날 이 자리에서는 부인 사비트와 함께 그를 따르는 50만 명의 후원자들이 함께 개종하였는데, 이 자리에는 불교전통에 따른 3보에 귀의하고 불교스님으로부터 보살5계를 받음으로써 불자가 되었다.

이 자리에서 암베드카는 3보에 귀의한 새로운 불자들에게 자신이 종합한 22항목의 계를 내려주었다. 그리고 난 후 곧 네팔의 수도 카트만두로 떠났는데, 이곳에서 개최되고 있는 제4차 세계불자우의회에 참석하기 위해서였다.

사망

암베드카는 1948년 이후 당뇨로 고생을 하고 있었다. 그는 1954년 10월부터 계속해서 병상에 누워있었는데, 특히 약의 부작용으로 인해 시력이 악화되었다. 그의 마지막 저서 '붓다와 그의 다르마'를 완성한 3일 후 1956년 12월 6일 깊은 잠에서 깨어나지 못하고 사망하였다.

사망 후 불교식 다비는 뭄바이 차우파디 해변에서 1956년 12월 7일에 거행되었는데, 이 자리에는 50만 명이 넘는 조객이 참석하였다. 그 후 9일 후 같은 자리에서 다비식에 참석했던 50만 명의 조객들이 불교로 개종하였다.

암베드카의 유족으로는 두 번째 부인 사비타 암베드카와 아들 야쉬반트 암베드카가 있다.

암베드카는 완성을 보지 못한 많은 원고를 남겨놓았는데, 후에 이 원고들을 정리하여 출판하였다. 그 가운데는 자서전에 해당하는 '비자를 기다리며'가 있고, '인도 빈민가의 불가촉족' 등이 있다.

암베드카 기념회가 결성되어 뉴델리에 있는 그의 사저에 그 본부를 두고 있는데, 그의 생일은 공휴일로 지정되어 있으며, 1990년 인도정부에서는 민간인에게 수여하는 최고 훈장 '바랏드 보석(Bharat Ratna)'을 수여하였다.

암베드카를 따르는 사람들은 그의 생일과 사망일을 기념하며, 특히 전법륜일(매해 10월 14)에는 중인도 나그푸르 시와 뭄바이에서 50여만 명이 모여 기념식을 갖는다. 언제나 이 자리에는 많은 노상 책가게가 시설되어 책자가 팔리는데, 이들 책에는 "공부하라, 선동하라, 조직하라"라는 암베드카의 멧세지가 담겨있다.

유산

인도 사회 및 정치개혁의 주창자로서의 암베드카가 남긴 유산은 오늘날 인도사회에 깊은 자국을 남겨놓았다. 독립 이후의 인도 정계를 통해 그의 사회 및 정치사상은 존경을 받아오고 있으며, 그의 긴 안목으로 내다본 새 인도 생활 전반에 깊은 영향력을 행사하고 있다. 특히 그의 무차별 평등사상은 오랜 전통의 무게에 짓눌려 답습에 답습을 견디어 온 인도인에게 새로운 안목으로 새로운 지평을 열어가는데 희망을 가지고 첫 발을 내디딜 수 있는 용기를 심어주었다.

힌두교 특히 사성계급에 대한 그의 비판은 비록 힌두교도들에게는 비난의 대상이 되기는 했지만 불교로의 개종은 불교철학에 새 생명을 불어 넣는데 커다란 자극제 역할을 하였다.

많은 공공시설이 그의 이름을 따서 명칭을 바꾸었는데, 나그푸르 비행장을 암베드카 비행장으로 개칭하였는가 하면 델리대학이 암베드카대학으로 개칭하고, 마하샤스트라 주는 암베드카가 학생시절 지냈던 런던의 집을 구입하여 암베드카 기념관으로 개조한다고 한다.

2012년 네루에 앞서 암베드카는 가장 위대한 인도인으로 선출되었는데, 이때 표를 던진 사람이 2천만 명이 넘었다고 한다. 또한 암베드카는 인도 경제학의 아버지로 추앙을 받고 있으며, 오늘날까지 인도에서는 그를 따를만한 경제학자가 없다고 말한다.

암베드카의 정치철학은 인도 정치환경에서 다양한 정당을 만들어냈고, 출판물을 써내고 노동조합을 구성하였으며, 그 가운데 많은 조직체가 상금까지도 존속되어 오고 있다.

그의 불교로의 개종은 불교철학에 새로운 생명을 불어넣었으며, 대중 개종수계식은 인권운동자들에 의해 추진되었으며, 그 자신은 한번도 말하지 않았지만 인도 불자들은 그를 현대를 산 보살로 추앙하고 있다.

1990년도 후반기에 와서 인도의 피압박 계급과 유사한 역사적 과정을 거쳐온 항가리에 거주하는 루마니아족들이 암베드카의 개종에 영향을 받고 대거 불교로 개종하는 일이 일어났다.

종교

1935년 암베드카는 말하기를 그는 인도에서 힌두교인으로 태어났지만 힌두교인으로 죽지는 않을 것이다 하였다. 그에게 힌두교는 교도를 핍박하는 종교로 어떤 종교든 힌두교가 아닌 다른 종교로 개종할 결심이 서있다는 것을 표명하였다. 그의 저술 '4성계급의 소멸'에 보면 진실로 계급차별이 없는 사회를 이룩할 수 있는 종교가 성립되기 위해서는 해당 종교의 경전이 내 세우는 계급차별의 권위와 신성성에 대한 교리가 부정되어야 한다는 것이다. 그래서 암베드카는 1954과 1955년에 걸쳐 저술한 '힌두교의 수수께끼'에서 힌두경전이나 서사시의 모순성을 비난하였다. 이 저술은 그의 사후에 출판되었는데, 책에 자서전적인 내용도 포함되어 있어 책 출판후 전 인도가 찬반 두 파로 나누어져 대규모 데모가 일어나기도 하였다.

암베드카는 기독교가 세상의 불의와 싸우기에는 무력하다고 자신의 견해를 밝히고 있다. "기독교가 아프리카 흑인 노예를 미국 대륙으로 수입해온 사실은 부정할 수 없는 사실이며 이는 돌이킬 수 없는 일이다. 이러한 흑인들의 해방을 위해서 시민전쟁은 피할 수 없는 일이다."

또한 그는 이슬람 종교 안에서의 각종 차별은 뚜렷한 것이며, 무슬림과 비무슬림과의 차별은 실재하고 비무슬림교인들을 소외시키고 있다고 주장하였다. 그 때문에 힌두교에서 핍박받고 있는 계층의 사람들이 기독교나 이슬람교로 개종하는 것을 반대하였다. 힌두교도가 이슬람으로 개종하면 인도가 무슬림 국가로 바뀔 수도 있고, 대신 기독교로 개종할 경우 영국의 인도점령은 계속될 위험이 있다고 경고하였다.

결과적으로 암베드카가 식크교로의 개종을 포기한 것은 영국정부가 불가촉족을 위해 의회에서 일정석의 의식을 배당해줄 것을 거부하였기 때문이다. 이러한 여러 이유로 암베드카는 사망 수주전 불교로 개종하였다.

아리안족 인도 침범설

암베드카는 수드라가 아리안족이라는 설과 아리안족 인도침범설을 극구 부인하였다. 그의 1946년 저술 '수드라는 누구인가?' 에서 만약 수드라가 아리안족이었다면 오래전에 멸종되었을 것이라 주장하면서 수드라는 샤트리아 즉 기사족의 일원이었으나 브라만들을 핍박하면서 사회적으로 소외되어 하층계급으로 전락하였다고 주장하였다.

인도태생 비교종교학자이며 카나다 대학교수인 아르빈드 샤르마에 의하면 암베드카는 아리안족 인도침범설에 모순이 있다는 것을 발견하였으며, 후에 서양학자들에 의해 확인되었다고 한다.

중부인도 마하라쉬트라 주의 북부 도시인 나그푸르(Nagpur)에는 암베드카와 그를 따르는 60만 명의 지정된 계급의 사람들이 불교로 개종하기 위해 1956년 10월 14일 대거 개종수계식이 거행된 곳으로, 이곳은 오늘날 신승불교성지(新乘佛敎聖地)로 자리매김 하였다.

개종수계성지(改宗受戒聖地. Deekshabhoomi)

암베드카는 인도불교를 부흥시켰다. 그의 불교 개종은 수백만 인도인에게는 깊은 의미를 가져다주는 경사이다. 2011년 인도 총인구조사에 의하면 인도불자의 87%가 암베드카식 불교 즉 신승불교의 불자이다.

거대한 돔으로 이루어진 기념관을 개종기념성지(Deekshab-hoomi, 改宗記念聖地)라 이름하고, 성지로 지명되어 연중 내내 수백만의 불자들이 이곳을 순례하며 특히 매해 10월 14일은 암베드카를 추모하는 기념일로써 불교개종기념일 행사를 함께 거행한다.

발문(跋文)

도안

나는 보았네
나는 들었네
도 깨친 사람이 즐거워하는 모습과
출가할 노보살의 즐거워하는 모습을!

2021년 가을
한 노스님이 찾아와
걸음도 잘 걷지 못하는 법사님께
큰 절로 삼배를 올린다.

그리고 가지고 오신 음료수와 빵을
올리고 감사하면서
"나는 내 나이 90이 넘도록
부처님께서 무슨 도를 어떻게 깨달았는지

모르고 살았는데
오늘에야 비로소 깨달았습니다" 하셨다.

아약 교진여가 녹야원에 계실 때
부처님께서 밝은 빛을 발하며
5비구를 찾아 올라갈 때
천진난만한 그 모습
백일영명한 그 모습을 보고
교진여가 물었다.
"싯달다여, 그대는 무엇을 깨달았기에
그렇게 빛이 나는가?"
그때 부처님께서 허공을 가르키며
"앞으로 나를 부를 때
싯달다여, 석가여 하고 부르지 말라."
"그러면 무엇이라 부를 것인가?"
"붓다라 불러라."

교진여는 그때 손벽을 치며
"아 부처님께서 공(空) 도리를 깨닫고
도를 깨치셨구나.
불생불멸(不生不滅)·불구부정(不垢不淨)
·부증불감(不增不減)이 아닌가…"
교진여는 자신도 모르게 춤을 추었다.

그 길로 뛰어가 부처님을 맞았고
한 사람은 앉을 자리를 마련하고
또 한 사람은 밥을 얻고 물을 길어왔다.

노스님은 그 뒤 노쇠에 도움이 되는
보약을 지어 가지고 와서
다시 묻기를,
"물 길어 오고 밥 가지고 온 스님들에겐
무엇이라 하였습니까?"
"제행무상(諸行無常)
제법무아(諸法無我)
열반적정(涅槃寂靜)이라 하였습니다."
"아, 열반적정, 이것을 법상종에서는
상락아정(常樂我淨)이라 했는데
열반에 무슨 고락이 있겠는가.
그래서 나는 '락(樂)'자를 '악'자로 읽고 있는데
틀리지 않았는지 모르겠습니다."
"불법은 깨달음이라 깨닫고 보면
악도 즐겁고 락도 즐겁습니다."

69세 된 할머니가 비구니가 되기 위해
절에 갔는데, 10세 사미에게도
큰 절을 해야 한다는 소리를 듣고

"똑같은 불성을 가지고 있는데
부처님께서 왜 그리 불평등한
계율을 만드셨습니까?" 물었다.
"불성은 평등하나 계율에는
상하가 있기 때문입니다.
평등성중엔 무피차(無彼此)하고
대원경상(大圓鏡上)엔 절친소(絶親疏)라
하였지 않습니까?"

얼마 되지 않아 그 노보살님은
한 살 더 먹고 비구니가 되어
법사님께 와서 큰 절 하였다.

나는 상락향에 온지 얼마되지 않지만
사람들에게 이 같은 가르침을
보고 듣고 날마다 즐거운 삶을
하고 있습니다.
노스님과 새로 출가하신 비구니 스님께
진실로 감사합니다.
내내 건강하시기 빕니다.

나는 이렇게 보고 들었습니다.

부처님과 제자들

2022년 2월 10일 인쇄
2022년 2월 15일 발행

編 撰   밀운 변희준 · 활안 한정섭
         대공 조현성 · 덕오 서무선

발행인   (사)한국불교금강선원
발행처   불교통신교육원
등록번호   76. 10. 20 제6호
주 소   12457 경기도 가평군 청평면 남이터길 65
전 화   031-584-0657, 02-969-2410
인 쇄   이화문화출판사 (02-738-9880)
삽 화   박미경 작가

값 : 23,000원

박미경 작가